あした、金沢へ行く

伊藤まさこ

はじめに

「金沢まで、新幹線が通るらしい」

そんなウワサを聞いたのは、もう何年も前のこと。そうなんだ、近くなるのねぇ……なんてのんびりかまえていたら、なんとこの春開通ですって!? びっくりです。

東京からおよそ2時間半。コーヒーを飲みながら本を読んだり、のんびり窓の外を眺めているうちに、あっという間に着いてしまう、このほどよい乗車時間。

せわしない毎日のスウィッチの切り替えにはもってこいではありませんか。

金沢には会いたい人がたくさんいるんです。

私の金沢の姐《ねえ》さん、ガラス作家の辻和美さん。

昔からの飲み友だち、金工作家の竹俣勇壱くん。

お酒のことならこの人、福光屋の利岡祥子さん。

乙女でお茶目な金沢ならおまかせ、岩本清商店の岩本歩弓さん。

生まれも育ちも金沢という、生粋の金沢っ子の友人たち。私の金沢旅は、この人たちなしでは考えられない！というほど頼りにしている存在です。
この本では、そんな「最強」ともいえる4人それぞれのお気に入りの金沢を紹介していただきました。

ふだんのお仕事場拝見にはじまり、
子どもの頃から好きな景色や、
大切な人を連れて行くお店、
ほっとしたいときに訪れる場所……
そこには、ずっと金沢と一緒に時を過ごしてきたからこその「好き」がたくさん詰まっています。
そしてみんなの「好き」のフィルターを通った私の「好き」もたくさん詰めこみました。
こんなふうに書いていると、今すぐにでも金沢へ旅をしたくなってきてしまいます。

行ってしまおうかな。
あした、金沢へ！

あした、金沢へ行く

もくじ

辻和美さん

ガラス作家。金沢の美術大学卒業後、カリフォルニア美術工芸大学でガラスを学ぶ。金沢卯辰山工房ガラス 工房専門員を経て「factory zoomer」をスタート。1999年工房を設立。以来、国内外で展覧会を開催し幅広く活躍中。

金沢の奥深さを教えてくれた女性《ひと》

私が心の中で密かに「金沢の姐《ねえ》さん」と呼んでいるのが、ガラス作家の辻和美さんです。出会いは10年以上前にさかのぼりますが、それ以来展覧会で少しずつ手に入れたガラスの器やコップは、我が家にすっかり馴染んで、私の生活の一部になっています。だから住んでいるところは違えど、辻さんはとても身近な存在なのです。

カリフォルニアの美術工芸大学でガラスを学んでいた以外は「ずっと金沢」とおっしゃる生粋の金沢っ子。全国各地から工房にやってくるお客様を案内するためのお店にはじまって、学生時代から馴染んだお店やお気に入りの場所まで、辻さんに案内していただく金沢は、この土地で暮らしてこられた方ならではの面白さや、味わいがぎゅっと詰まっています。さらりと撫でるように旅をするのではなく、一歩金沢の街に踏み込んだような気分になれるのも、ひとえに辻さんのおかげだなと思っています。

シンプルなガラスの片口は、ミルクピッチャーにしてもよし、ドレッシングを入れてもよし。もちろん飾っておくだけでも。

工房でできあがったグラスウェアと、辻さんがセレクトした作家さんの作品を販売。年に5〜6回企画展も開催。カフェも併設し、オヤコーヒのコーヒーやタタンのチーズケーキなどが味わえます。

元民家の床を張ったり、壁をペイントしたりと自分たちの手で改装。9年前にショップとしてオープン。素朴ですが、どこかモダン。そんなバランスが魅力です。

map → p.153-**4D**

factory zoomer / shop

金沢に着いたらまずはここへ！

犀川《さいがわ》に面し、柔らかい光が入る辻さんのガラス工房のショップです。ご自身の作品はもちろん、辻さんによってセレクトされた作家の作品が並びます。焼き物は井山三希子さん、岩田圭介さん、キムホノさん、木工は佃眞吾さんなど。カフェのカウンター横の階段を通って、2階に上がると「エヌワンハンドレッド」のカシミアセーターや、「アーツ&サイエンス」の服がずらり。「好きなものしか仕入れない」という辻さん。筋の通ったセレクトは見ていて清々しく、訪れる度に、店のたたずまいが辻さんそのものだなあと感じます。そして私の好きなものばかり！ハッと気がつくと両手に買いたいものがいっぱい……。キケンなお店です。ひととおり店内を回ったら、コーヒーと甘いもので一休み。辻さんのコップで水を飲んだり、井山さんの小皿でクッキーをいただくと、器がまた違った表情を見せ、そしてまた欲しくなる。ほら、やっぱりキケンな店でしょ！

カフェのテーブルには、佃眞吾さんが「mokki」と名付けたトレーに、辻さんの「普通のコップ」と冷たい水が。

何にしようかなあ。
これもいいな。長くいればいるほど欲しいものが増えていく。
そんな店内であれこれ物色中。

ご自身が個展で日本各地へ出かけている辻さん。そんな旅先で出会った“いいもの”がそろいます。基本的に食卓で、ガラスの器のまわりにあったらいいなあと思うものを集めているそうです。

学生時代はファッションデザイナーになりたかったという辻さん。「自分が着たいもの」という視点で洋服をセレクト。

軍手に見える手袋は、実はカシミア。上質なだけでなく、ちょっとやんちゃなアイテムも辻さんらしい。

買い物をしたら、こんな紙袋に入れてくれます。さりげないのに素敵。これがズーマらしさかも。

井上靖の小説『北の海』でも、「この坂はW坂と言うんだ」と主人公がここを歩く描写が出てくるそう。途中には桜の古木が。

辻さんに誘われて、W坂へ。その街で暮らす人の、“いつものルート”を一緒にたどることも、旅の楽しみのひとつ。

「ファクトリー・ズーマ」を出て、川沿いを山へ向かって歩くと右手にW坂と呼ばれる坂があります。なるほどジグザクに上る階段がWの形！ かつては坂の上に石工職人が多くいたことから「石伐《いしきり》坂」と名付けられたそうですが、明治期に学生たちが、その形から「W坂」と呼ぶようになったのだとか。ショップ近くということもあって、犬を連れてよく散歩に来たという辻さん。春になると古木の桜が満開になってとてもきれいなのだそう。桜色のW坂を見にまた来ないと！

W 坂

map → p.152-3D

坂の上まで上ると、金沢の街並みと犀川を見渡せて、なんとも気持ちいい！ 時にはこうやって街を見下ろすのもいいもの。

あまりに住宅街に溶け込んでいたので、初めて訪ねた日、少し迷ってしまいました。白い暖簾が目印です。

map → p.149

乗越《のりごえ》

きりっと白い暖簾《のれん》が目印

犀川南岸、W坂を上がったところが寺町です。その名の通り70余りの寺院が集まる静かな街。ここで、雑貨とカフェの店「乗越」を営む乗越さんは横浜市出身。日本各地の雑貨店で働きながら、いつか自分のお店をと思っていた時に見つけたのが、金沢のこの古い町家だったそう。「私、どこでも生きていけるんです」と笑う乗越さんのおおらかなこと！　ご自分で、約2年間をかけてコツコツ改装したと聞いて驚きました。

お店には、玄関で靴を脱いであがります。1階は土間の台所や中庭があり、2階がカフェになっています。ひとつの建物でも、場所によって光の入り方が微妙に違い、それを活かした空間づくりがとても上手。世界各地で見つけた日用雑貨やオリジナルのトートバッグなどがディスプレイされて、他の店では見かけないようなものもたくさん。真っ白な暖簾が語るように、どこか潔さが感じられるところが好きです。

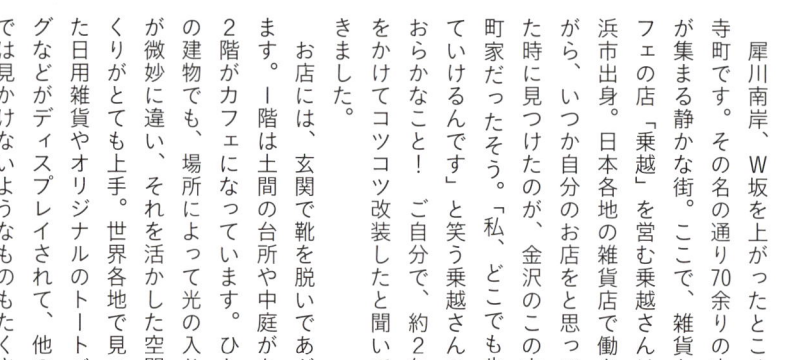

玄関から入るとまず目に入るのがこの大きなテーブル。古い蔵の戸を天板代わりにしているんですって。

こちらが２階。床にはベンガラを塗り、壁は砂漆喰に。押し入れや床の間を利用して、雑貨がディスプレイされています。そのバランス感のよさはさすがのキャリア。

こけしなど、オリジナルの小物は白が多い。お店のロゴが効いています。

「高嶺スペシャル」と名付けたビーフストロガノフは、お父様のレシピ。「高嶺」はお父様の名前なのだとか。半熟卵とトマト、ハムなどを挟んだサンドイッチも。

map → p.149

戸水屋

嘉永元年創業の味わいのある店構え。地元の人に愛される和菓子屋さん。素朴な味わいはどこかほっとします。

しみじみ、あんこを味わう

「乗越」さんを訪ねる道すがら、昔ながらの和菓子屋さんがありました。店の前にはひっきりなしに地元の人が車を止めて買い物に。なんだか気になるなあと思っていたら、なんと乗越さんの大家さんなんですって。この「戸水屋」さんで和菓子を買ってカフェに持ち込むことも可能。「甘さがほどよいんです」という乗越さんの言葉に、さっそく買いに行ってみました。おはぎのあんこの塩加減は、まさに「ちょうどいい塩梅」で、忘れられない味になりました。

ここの名物はおはぎ。大きめですがぺろりと食べられてしまいます。昔ながらの経木に包んでくれるのも嬉しい。

美しい職人の仕事を間近で眺められるのも、カウンターでいただく楽しみのひとつ。木箱には、旬の恵みがぎっしり。

map → p.153-4C

天ぷら 小泉

金沢の季節を からりと揚げた天ぷらで

辻さんに連れて来ていただいたのが2年ほど前のこと。以来「金沢に来たら必ず寄りたいお店」になりました。大将の小泉さんが作り出す天ぷらは、繊細でいて上品。上質な素材選びはもちろんですが、菊の葉の天ぷらに生うにをのせて塩で……など、素材の取り合わせ方がなんとも絶妙なのです。お酒をちびりとやりながら、揚げたての天ぷらをいただく……という至福の時。大人になってよかったなあとしみじみ思います。器好きでもある大将。天丼用に作ってもらったという、陶芸家内田鋼一さんの器や、地元の九谷などの骨董を、天ぷらとの組み合わせで見るのも楽しみのひとつです。

大阪で修業をした後、素材が豊富でありお茶の文化がある金沢にお店を出すことにされたそう。金沢って、ほどよい大きさの街の中にお茶の文化や、海や山の魅力的なものがぎゅっと収まっているのだなあと実感しました。

大将に素材や器の話を伺いながら揚げた端からパクリ。ここの天ぷらは「カリッと」ではなく「サクッと」しているのが特徴。

右は白子の大葉巻きと天然の地元の舞茸。左は菊の葉の天ぷらに生うにを。
うにというと海苔で巻いて揚げた天ぷらが一般的ですが、あえて「揚げない」
味を組み合わせて。

map→p.152-3C

新《しん》堅《たて》町《まち》商店街

この看板の裏には、地元イラストレーターさんによるかわいい絵が描かれています。昔は骨董通りと呼ばれたこの商店街。骨董屋さんと新しいギャラリーが隣り合っているところが楽しい。

古くて新しい街を散歩

「新堅町商店街が面白い」と噂に聞いたのは何年も前のこと。古い建物を改装してギャラリーや雑貨屋さんができていると聞いて気になっていたのでした。歩いてみると八百屋さんや不動産屋さんなんかもあって、いい感じなのです。お店同士のおつきあいもあるようで、みんないい距離感での仲良し。人が人を呼ぶっていうのかな。店が店を呼ぶっていうのかな。昔からある商店街の中に、じわじわと新しい感覚の店が加わって、今の新堅町商店街ができているのだなあと思いました。

map → p.152-**3D**

taffeta

おおらかな刺繍小物に出会う

久しぶりにこの商店街を訪れたら……「あら！ 新しいお店ができている！」。店主の髙知子さんは、新竪町では老舗的存在の雑貨屋さん「ベンリーズ」(p25)で16年間働き、4年前に独立して今のお店を始めたそう。刺繍の作家さんでもあり、その作風はご自分でも「自己流」というだけあってすごく自由。気取りがなくてなんだかお茶目。ブローチや壁掛けなどのモチーフは架空のお花が多いとか。店内には「ホームスパン」などの洋服や、雑貨、食材なども並んでいます。

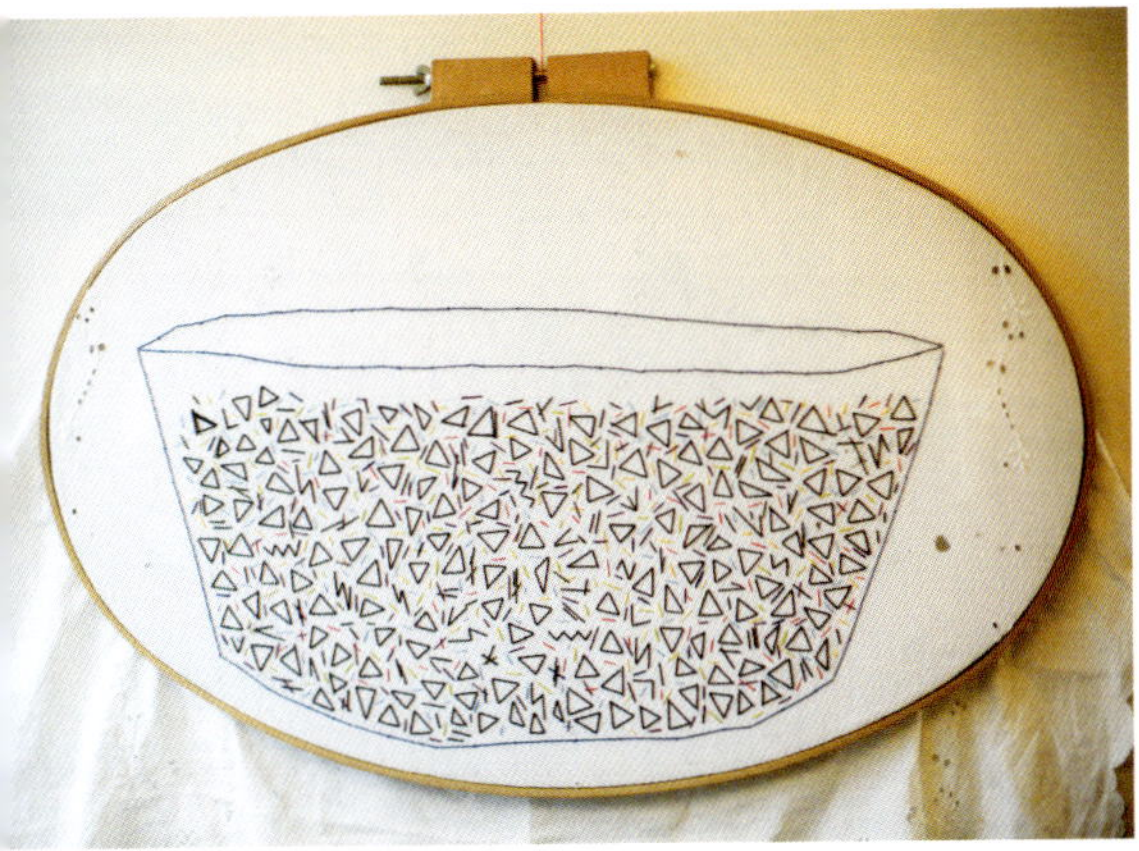

上は、古いテーブルクロスに刺繍をしたもの。髙さんは、下絵を描かず、フリーハンドで刺していくそう。下は刺繍のブローチ。どこかモダンな柄。

店内には、髙さんが国内外から集めたものが並んでいます。中には、金沢のおいしい食材も。衣食住すべてにまつわる、ちょっとかわいいものは、お土産にも喜ばれそう。

差し込む光もディスプレイの一部に。古い家具の活かし方、使い方は部屋作りの参考になりそう。
アクセサリーはひとつひとつ手作りで仕上げたもの。同じデザインでも微妙に形が違うので、"私だけ"のひとつが手に入ります。

map → p.152-3D

KiKU

ネックレスからスプーンまで

チョウチョや葉っぱのピアスや、石を使った指輪やネックレスなどのアクセサリーに加えて、フォークやスプーンなどの生活道具も。高い天井と白を基調とした店内に光がいい具合に回り心地いい。ここ「KiKU」は、p54に登場する私の友人、金工作家の竹俣くんのお店です。古道具屋さんに足しげく通って集めたという古い家具や木の板などの什器が、クールな印象の金属とうまく合わさっていい感じ。店主の心づかいが細部にまで息づいた店です。

お店には竹俣くんの作品がずらり。1本ずつ買える気軽さもうれしいです。

23 「ノワイヨ」とは、フランス語で果物の芯のこと。器などの生活用品から洋服までがそろいます。半透明のガラスはニッタヨシコさん作。透明のガラスは井上美樹さん作。飴釉の急須は郡司庸久さんのもの。

店内の什器は、オーナーの岡田れい子さんがお道具屋さんを回って、ひとつひとつ探したのだとか。

map → p.152-3D

ギャルリ ノワイヨ GalerieNoyau

器好きならぜひここへ

ここ「ギャルリ ノワイヨ」は新竪町商店街からすこし脇道に入った穴場的なお店。加賀藩お抱えの病院だったところが鏡屋さんとなり、その後ギャラリーとして生まれ変わったのが9年ほど前のこと。そしてこの春、商店街のまんなかから路地裏に移転してリニューアルオープンすることになったそう。お店では名古屋の「コーヒーカジタ」のコーヒーをいただけたり、不定期で音楽イベントや器の個展をやったりも。私は知人の陶芸家・岡田直人さんの楕円皿を購入。オリーブを盛ってみようか、それともクッキー？　家に帰る楽しみがひとつ増えました。

※2015年1月より3月中旬まで移転準備中。

大中小、揃いで欲しくなる井上美樹さんのフラワーベース。

map → p.152-3C

phono

ハンス・ウェグナーをはじめ、ボーエ・モーエンセンなどの家具がそろっています。きちんと手入れされている安心感もここの魅力です。

スウェーデンやデンマークで探してきた北欧の器もそろっています。

手前のテーブルに並ぶのが、山田洋次さんの器。北欧家具は和の器との相性もいいですね。

北欧家具には和の器も似合う!?

以前からおつきあいがある家具屋さんです。北欧の家具が中心ですが、オーナーの尾崎さんは以前古着屋さんにお勤めだったこともあり、アメリカやフランスのヴィンテージ好きでもあるそう。「味のあるフランスのアンティークと、北欧のシンプルなスタイルのミックスを提案したい」とおっしゃっていました。店内には、家具に合う器や雑貨も。信楽で作陶する陶芸家、山田洋次さんのスリップウェアなどもあります。家具ととても相性がよくさすがだなあと思いました。

map → p.152-3D

benlly's & job

文房具、フランス軍の毛布、ヴィンテージの器など、ありとあらゆるジャンルがそろっているのが楽しい。

古い「ケメックス」を発見。今のものは底が丸いのに対し、角ばっているのが特徴なのだとか。

ノンジャンルな品ぞろえが楽しい

「どこどこ風」には当てはまらない「ベンリーズ風」なセレクトがとっても魅力。国籍もさまざま、新しいものから古いものまで、文房具やバッグの間にベン・シャーンのリトグラフがあったり……と、いろいろな雑貨がそろっていて楽しいのです。オーナーの田中義英さんは、お店を営みながら「ものづくりも楽しそう」と革作家になったという方。お店の2階がアトリエです。「雑貨屋さんっていうと、男は入りづらいところが多いけれど、ここなら大丈夫！」と竹俣くん。なるほど。

21年前にオープンした金沢の老舗雑貨屋さん。ここは、2年前に移転した新しい店舗。

map → p.152-3D

パーラー・コフク

新竪町巡りの締めくくりは

「昼過ぎから気楽に飲める店があるよ」と竹俣くんに聞いて「行ってみた〜い」と連れて来てもらいました。店主の福谷英司さんは、以前「広坂ハイボール」(p50)で働いていた方。この新竪町商店街を通って自宅からお店まで通っていたそうです。そんなある日、たまたまこの物件を発見。元床屋さんだったという店内は、タイル張りの床が当時のまま残り、それはいい味わい。そこで、なんとお店を出すことを決意！　最初は奥様が喫茶店を始め、1年後にバーとして再オープン。人が集まる場所になってほしくて「パーラー」と名付けたそうです。店の広さがちょうどよくて、飲みながら、お手製のスモークベーコンやチーズなど、ちょこっとしたおつまみが食べられて、なんだか居心地がいいんです。福谷さんご夫妻の人柄も相まって、ここで過ごす時間が本当に楽しい。新竪歩きの締めくくりに、「パーラー・コフク」で一杯。このルート、くせになりそう。

夕方より少し早めの15時オープン。店内はカウンター５席、テーブル８席のこぢんまりした造りです。ワインやビール、カクテルなどお酒の種類も豊富。17時まではおつまみ中心で、17時以降は、ラザニアや牛トリッパの煮込みなど食事メニューも。

今日のおつまみは、能登カキ貝のオイル漬けとセロリのナムル、テテドモアンヌチーズ。おつまみ３種とドリンク付きの「コフクセット」は1000円。

鈴木大拙館の「思索空間」から、「水鏡の庭」を見つめて。季節を変えて何度訪ねても、ここに立つと、心がす〜っと落ち着いていきます。

「水鏡の庭」に面した「思索空間」では、奇数月の最後の日曜の朝7半から「朝・思索のすゝめ」が行われています。（要予約）

map → p.152-2C

鈴木大拙館

季節を変えて何度でも訪れたい

名所旧跡を急ぎ足で回って、名物を食べて……という旅もいいけれども、寄り道したり、ときどき休んだりしながら、自分のペースでのんびり回る旅も好きです。「ここ」という好きな場所を見つけたら何度も通います。せっかくの自分のための旅ですもの、ちょっとぐらい偏りがあってもいいのではと思っています。時間や季節、自分の気分、一緒に訪れる人によって、同じ場所でもそのときどきでまったく違った印象を受けるもの。ここ鈴木大拙館は行く度に感じ取り方が違うのです。

初めて訪れたのは、まだ緑がたくさん残る初秋でした。入ってすぐの庭の楠のもくもくと茂った緑がとても印象的だったのを覚えています。

玄関の庭にある楠は、まるで『となりのトトロ』に出てくる木のよう。

水面に映る緑の木々を見ていたら、自然に心がしんと静かになる気がします。

「水鏡の庭」の水面をよ〜く見ていると、時折ポコッと泡が立ち、そこから波紋が広がります。これも思索への入り口。

思索空間の内側は真っ黒な壁。切り取った風景を見ていると心が整理整頓できます。

展示棟の入り口には、海辺に佇む鈴木大拙氏の写真が。1年に4回企画展を開催。季節によって変わるのだとか。

展示棟には鈴木大拙関連の書籍を集めた学習空間があり、本を手に取って読むことができます。

モダンなのにどこか落ち着く。そんな谷口吉生さんの建築も、何度も足を運びたくなる理由のひとつ。

　鈴木大拙は、金沢が生んだ仏教哲学者です。1897年に渡米し、禅についての著書を英語で書いたことで、日本より先に海外で広く知られるようになったそう。帰国後は、国内外で禅の思想の授業を行い、ジャック・ケルアックや、J.D.サリンジャーなど、多くの芸術家や作家たちとも交流があったのだといいます。

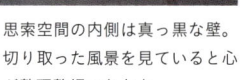

　ここは、そんな鈴木大拙の足跡を伝えるとともに、来館者自らが「思索する場」として開設されました。設計は谷口吉生氏。小さな森のような斜面を背景に立つ建物は「玄関棟」「展示棟」「思索空間棟」が回廊で結ばれ、さらに「玄関の庭」「露地の庭」「水鏡の庭」によって構成されています。3つの棟と3つの庭からなる空間を回遊することで、鈴木大拙について知り、学び、そして考えることができるというしくみです。

　あの楠を見た後、回廊を巡って展示を見て、「水鏡の庭」に出た時、思わず「あ、」と声に出してしまいました。敷地の向こうの木々の緑が庭の水に映

き〜んと冷えた空気の中、真っ白な庭を見つめながらひとときを。凍える寒さが、背筋を伸ばしてくれます。新緑も紅葉もいいけれど、純白の雪の風景はひときわ心に残ります。

ほんのり雪化粧されたお庭を散策。

り込んで、それは美しかったのです。展示を見てそれでおしまい、ではなく、建物や庭、その背景に見える金沢の景色とともに過ごす時間ごと大切にできる……。だから、金沢を訪れる度に何度も足を運びたくなるのかもしれません。

館内に展示されている写真や書には一切の説明がありません。その代わり壁に取り付けられた小さなポケットに大拙の言葉や、著書からの抜粋などが書かれたカードが入っています。展示を見て、何かを感じたら、カードを手に取ってみる……。見る↓知る↓学ぶ↓考えると思索が繋がっていきます。

隅々まで神経が行き届き、背筋がしゃんと伸びるようなのに、緊張感はちっとも与えない……。行くたびに素晴らしいなあと思います。館内はもちろん、お庭もお掃除が行き届いていて、そんなところも気持ち良さのひとつです。秋の紅葉の時期に、冬の雪景色に。それぞれの季節に訪れて、自分がどんな「感じ取り方」をするのかを観察するのもいいものです。

map → p.152-**1B**

兼六園

雪吊りの作業をしていた庭師さんの後ろ姿が粋。自分たちの手で樹木を守るという誇りが感じられます。

金沢城公園と隣接しているので、時間があれば両方回っても。金沢城ほど多種多様な石垣が見られるところはないのだとか。ぜひ観察してみて！

5代〜13代藩主まで180年間にわたって作り続けられた庭園は、池の橋のあちらとこちらで風景が違うそう。

ゆっくり歩いて回ると２時間以上はかかる広さ！　歩きやすさとお庭のことを考えて、底が安定した靴を選ぶことも大切です。

初冬の兼六園で庭師の技に惚れる

「6つのすぐれた景観、六勝を兼ね備えている」ということから名前がついた兼六園。日本三名園のひとつです。私が訪れたのは紅葉まっさかりの季節。やがて訪れる冬、雪の季節に備えて「雪吊り」の作業の最中でした。11月の初めから12月中頃にかけて、園内の樹木を雪の重みから守るために縄で吊ります。金沢の冬の風物詩として毎年ニュースなどで目にする光景を目の前で見られるとは！　冬の庭園は寒そうだけど、庭師さんの手で守られた樹木に、雪が積もった風景もまた金沢らしさのひとつ。ぜひとも訪れたいものだと思います。

そうそう、こういった観光名所を訪れるときは、朝一番を狙います。風情漂う、しんとしたお庭散策が好み。早朝だと、まるで貸切り!?ということも。早起きは三文の得というけれど、誰もいない庭を独り占めした時ほど、気持ちがいいものはありません。

訪ねたのは紅葉真っただ中。都心にも秋はあるはずなのに、いつもバタバタ……。季節と向き合えるのも旅のよさか。

兼六園の中で最も枝ぶりが見事と言われているのがこの唐崎松です。13代藩主、前田斉泰が、琵琶湖畔の唐崎から松の種子を取り寄せて育てたそう。雪吊りの風景は、ここならではは。

ずらりと並んだラビットチェアは、「妹島和世+西沢立衛／SANAA」のデザインによるもの。よく見ると左右の耳は非対称に。

map → p.152-2B

金沢21世紀美術館

美術館へ散歩に

初めて訪れたのは、オープン間もない頃のこと。それから金沢を訪れる際は必ず立ち寄る場所になりました。SANAAの建物のかっこよさは言わずもがな、それが「特別なこと」になっていない。街と、街で暮らす人々に馴染んだ美術館なのです。展覧会ゾーンのみ、観覧券（有料）が必要ですが、建物への入館（交流ゾーン）は無料なので、毎日散歩をしにくるおじいちゃん、おばあちゃんもいるのだとか。小さな子供連れも多く、それぞれの過ごし方でアートに触れているということが、なんだかいいなぁと思うのです。

今回は夕方からの訪問。p98にご登場いただく利岡さんが「夜のジェームズ・タレルの部屋がいいんですよ」と教えてくれたのです。天井からのぞく夜空に浮かぶ星に、吸い込まれそうになりました。

天井の中央に正方形に切り取られた空を眺めるジェームズ・タレルの「ブルー・プラネット・スカイ」（2004年制作）。

4か所の入り口のどこからも入ることができる、という開放感が、この美術館の特徴です。夕暮れ時、中の照明が灯ると、建物全体がまた少し違った趣に変わります。

雪の中の美術館は、すべてがワントーンになってきれい。足跡をつけるのがもったいない！

パトリック・ブランが2004年に制作した「緑の橋」には、金沢の気候に適した植物が100種類以上植えられているそうです。初めて訪ねた時より、ずいぶん葉が茂りました。

壁の前に置かれた「SANAA」デザインのロッキングチェアにも、壁と同じ柄が描かれています。ゆらゆら揺れていると作品の中に入り込んだよう。マイケル・リン「市民ギャラリー2004.10.09-2005.03.21」(2004年制作)。

季節は変わって今日は雪が降ったり止んだり。きっと展示の様子もまた違って見えることでしょう。ここ、金沢21世紀美術館には決められた順路はありません。なので私はいつもその日の気分で回るのですが、必ず訪れる展示のひとつが、ガラスの廊下をまたぐように作られた「緑の橋」。今日は少し紅葉を残した冬の色になっていました。廊下を通って回廊を回ると……突然明るい花柄の壁！ 白い空間に突然艶やかな花柄が現れる。加賀友禅からヒントを得たというマイケル・リンのこの作品は、毎回ハッと新鮮な気持ちにさせられます。それからもうひとつのお気に入りが「スイミング・プール」。光庭から見ると、まるでプールそのものですが、地階に行くと……。なんだか不思議な感覚にとらわれます。展示を見ながら金沢の空気を感じることができる美術館なのです。

上から見ると深く水を張ったプールに見えますが、実は内部に入ることもできるんです。
レアンドロ・エルリッヒ「スイミング・プール」(2004年制作)。

map → p.152-**3B**

モノトヒト

店舗は金沢の町家を中村好文さんがリノベーションしたモダンな造り。地元作家の作品を紹介する「30日ラボ」も。

90日限定で各地のお店がやってくる

金沢市で2010年から始まった「金沢生活工芸プロジェクト」の一環としてオープン。モノ＝物と、ヒト＝人の在り方を提案する限定ショップです。ディレクターを務めるのが辻さん。全国のお店やギャラリーが金沢で「90日間限定ショップ」を開くというコンセプトがおもしろい。21世紀美術館に行った後に寄るというのがいつものコース。私が立ち寄った時には、能登の塗師《ぬし》、赤木明登さんの奥様、智子さんが選んだ生活道具店でした。

※ショップは2015年末に終了予定。

これが赤木家で実際に使われている水屋たんす。壺田亜矢さん作の片口や、長谷川まみさん作のスプーンや南部鉄のフライパンなども。

赤木さんの漆器はもちろん、小野哲平さんの器や新宮州三さんのくり物も。低くしつらえた並べ方もきれい。

map → p.152-2B

TORi

昼間も気持ちいいけれど、夕暮れ時、21世紀美術館に灯りが灯る頃もおすすめです。外には特等席も。

美術館を借景にティータイムを

「モノトヒト」の並びにある北欧ヴィンテージの雑貨店兼カフェです。入り口は広坂通りに面していますが、店内を通って裏口に抜けると、あら！　21世紀美術館の庭に続いていました。美術館を借景にコーヒーをいただけるベストロケーション！　ガトーショコラやシナモンとバナナのケーキなどもいただけます。店内にはエアプランツやかわいい小物がさりげなく並んでいて、私はこぐまのミーシャのバッジを発見！　娘へのお土産になりました。

店内にはヴィンテージの北欧家具の上に、器や文房具などの小物が並んでいます。甘さを抑えたセレクトがいい感じ。

階段を上って宝探しを

「TORi」のオーナーが始めたヴィンテージ家具のお店です。北欧を中心にドイツ、オランダなどヨーロッパの古い家具がそろっています。元時計屋さんの本社ビルだったという古い建物を活かしながら、壁などは白くペイントし、最小限に手を加えたという店舗には家具がぎっしり。中には船便で届いたばかりのテーブルやメンテナンス途中の椅子も。

「手直し前も、工程もすべて見てもらおうと思って」とオーナーの梨野さん。有名無名にこだわらない、美しいデザイン家具が並びます。

実はここ、エレベーターがないんで

広坂通りに面したお店は「モノトヒト」からすぐ。「TORi」と3店合わせて回るのがおすすめ。

map → p.152-3B

NOW

チーク材の家具が多いのもこのお店の特徴。北欧だけにこだわらないニュートラルな品ぞろえもいい感じ。

す。階段を上がるたびに「わあ、こんなものも！」と新たな世界が広がって、宝探しをしている気分。ぜひ頑張って最上階まで上がってみて。窓から見下ろす金沢の街の風景の素晴らしいこと！　向かいの「しいのき迎賓館」のてっぺんがちらりと見えたりして、思いがけず広坂通りの一味違った顔に出会いました。

階段を上るごとに新たな世界へ。この「秘密基地」っぽい感じがいいんです。

５階に到着すると、窓の外にはこんな風景が。街のすぐ横に自然がいっぱいある。金沢ってなんていい街。

メンテナンス前の椅子がずらり。ここで掘り出し物と出会う可能性も。店ではコンテナが届く日に受注会を開催するそうです。

map → p.152-3B

手打そば 更科藤井

そばの前に、くいっと一杯

細打ちの二八そばから、そばの実の芯の部分だけで打った更科そばまで。店主の藤井誠さんが自ら出向き、納得した畑で栽培されるというそば粉から作られた5種類のそばが味わえます。塩ウニをのせていただく焼き海苔や、ゴボウのかき揚げなど、藤井さんもきっとお酒飲みなんだろうな、と思わずにはいられないこなれたアテもいただけます。そばはすべて藤井さんの手打ち。一献いただいた後、つるりとすするとそばの香りが鼻を通り抜けました。

町家の店内に並んでいるのは、デンマークの古い椅子。夜10時半までと、遅くまで開いているのも嬉しい。

おつまみの海苔は、炭火が入った箱で供されます。香ばしい匂いもご馳走。

シンプルなざるそばは850円。キリッと冷やすのがこだわりで、「日本一冷たいそば」を目指しているのだとか。

map → p.152-3B

竹千代

カウンターはイチョウの木。わずか６席ほどのこぢんまりとしたお店は、おまかせのみで8600円〜。

金沢の隠れ家は、煮物が主役

よく通る場所なのに、教えてもらわないとわからない。きっと秘密にしておきたいはずなのに、惜しげもなく教えてくれてありがとう、辻さん！と言いたくなるお店です。おまかせのみのコースは、少しずつ、何皿ものおかずが登場します。素材によって、かつお、昆布、鶏と出汁を変えるそう。じんわりと体に染み入る出汁を味わうと、あぁ日本人に生まれてよかったと思うはず。ひとつひとつの料理がとても丁寧です。金沢のとっておきのお店がまた一軒増えました。

１年もの、２年もの、３年ものと、熟成の違うからすみ。

この店の代表的な一皿。タコを出汁で柔らかく炊いて。

金沢といえば香箱蟹。おすすめの日本酒「獅子の里」と。

脂がのったさばを酢でしめたバッテラ。

map→p.152-3B

広坂ハイボール

ハイボールって、奥が深い飲み物！

この界隈でご飯を食べた後に立ち寄ることが多いバーです。オープンして26年。金沢のお酒好きには馴染みの店だとか。以前にも作家さんたちと大勢で伺いましたが、ワイワイ楽しんでも大丈夫な雰囲気のバー。常連さんに加えて私のような旅行者でも、とたんに店に馴染んでしまうのは、マスターの懐が深いからでしょう。ここにいるとみんなが上機嫌で楽しそう。いつも頼むのはもちろんハイボール。スタンダードなハイボールに加え、黒こしょうを効かせた「スパイシーハイボール」、レモンピールが入った「コウベハイボール」などの種類がたくさん。炭酸はウイスキーの香りを立たせるそうです。ハイボールの奥深さを、この店から教わった気がします。さて、席に着いたらまずはハイボール。そこから先はその日の気分でもう一杯。こうして金沢の夜は更けていくのでした。

夕方になると灯るこの、ちょっとレトロな看板が目印。
東京在住の絵師、藤井克彦氏の作品だそう。

店主の宮川元氣さんは、もともと俳優志望で舞台に立っていたという方。お酒からジャズまで話題の種が豊富。

「ヒロサカハイボール」は、スコッチの「デュワーズ」を炭酸水で割ったもの。

「バーのオムレツ」は、ハイボールに合うように、アンチョビペーストを隠し味に。
温かいソーメンに、豚ひき肉のあんかけをかけた「上海ソーメン」も、隠れた人気の品。

ハイボール以外にもカクテルやシェリー酒なども充実。でも、入り口はやっぱりハイボールでね。

map → p.153-5C

甘納豆かわむら

左からとら豆、青えんどう豆、金時豆、ひよこ豆、大納言の甘納豆。素材の味わいを引き出した甘さが特徴。袋入りは、ひと袋260円〜。

にし茶屋街の昔ならではの町家ですが、店内はモダンです。

つやつやの甘納豆をお土産に

金沢の方からお土産にいただくことの多い「かわむら」の甘納豆。にし茶屋街に佇むお店は、奥の甘納豆を作る工房ものぞけたりして、ちょっと楽しいんです。昔ながらの作り方を取り入れながらも、従来の「砂糖で固める」手法から、もう少し砂糖を控えめにし「濡れたような」仕上げに。それぞれの素材の個性に合った炊き方で、豆本来の味がするのがいいところ。小分けにされているので、あれこれ買うことができるのが嬉しいです。自分のために。甘党の友人たちのために。

map → p.152-3B

つぼみ

右上から、十勝産の豊祝小豆を使ったあずきぜんざい、香りきなこと黒蜜付きの本わらび餅、じっくり焼き芋にした金時芋を丁寧に練った金時芋ぜんざい。上は抹茶アイスクリーム入りの白玉クリームあんみつ。甘味のほかに、海苔ぞうにや、梅そうめんなどの軽食もいただけます。

次に来るときは何を食べよう

21世紀美術館に近く、展示を見たらほっと一息……に伺うことが多いつぼみ。料亭を営んでいるご主人が開いたお店ということもあり、こだわり抜いた素材で作った甘味を味わえます。辻さんのおすすめは「白玉クリームあんみつ」ですが、「抹茶アイスで、粒あん」がいつものご指名。ふるふるのわらび餅、口どけのよい寒天がたくさん入ったあんみつ、焼き芋やシンプルな小豆のぜんざいと、どれもおいしい！

滞在中は毎日通いたくなります。口福っていう言葉をしみじみかみしめた午後でした。

竹俣勇壱さん

美しい手を持つ、気のおけない人

金工作家の竹俣くんとは飲み友達。彼をひと言で表すならば、「ほんといい奴」なのです。そう思っている人は大勢いて、地元金沢の人から作家仲間まで、みんなから慕われています。

ここ、ひがし茶屋街の「sayuu」と新竪町の「KiKU」（p22）のふたつのギャラリーのオーナーでもある竹俣くん。いい奴に加えて、とても美しいものを作り出す人でもあります。

彼の美意識に触れているからこそ、仕事をお願いする時にはすべてをゆだねることができる。作家としての竹俣くんを私はとっても信頼しているのです。

金沢を訪れるときは、いつも案内役を買って出てくれるのですが、連れて行ってくれるお店はどこも10年、20年と通っているところばかり。ちゃんとお店の人との信頼関係ができていて、人との距離感の保ち方がとてもいい感じ。ああ、だから彼はみんなから慕われているんだなと思った次第です。

インディアンジュエリーに触れたのを機に彫金を学び始める。アクセサリーショップで製作に携わった後独立。アトリエ兼ショップ「KiKU」、「sayuu」をオープン。ジュエリーに加えて生活道具も制作している。

10金やシルバーを使った指輪は、鈍い光でアンティーク風に見えます。ガーネットやサファイアなどの石と組み合わせて。

町家ならではの、優しい光が入る空間で、クールな金属と出会う。そんな意外性がこの店の魅力です。

map → p.150-2B

sayuu

骨董屋さんのようなアトリエショップ

「住むための家を探していたら、たまたまここが空いていた」と言う竹俣くん。ひがし茶屋街のどまんなかに、こんないい町家を見つけるとは！

　古いガラスケースには指輪やネックレスがひっそり。床几にはスプーンやフォークなどが淡々と。横から見たり、上から見下ろしたり。自然に目線が変わるので、金属のフォルムや質感を、いろんな角度で眺めることができるしつらえはさすがです。

　ある日、ふらりとお店に立ち寄って、そ〜っと中を覗いたら、普段は酔っ払いの姿しか見たことがない竹俣くんが、ショップ奥のアトリエで、ちゃんと仕事をしていました！　机の横には、古い金槌がいっぱい。金属を古い金槌でたたくと、その跡も自然に古っぽい仕上がりになるんですって。各地で古い金槌を見つける度に持ち帰るそう。彼が作るものが、まるで時を経たアンティークのように見えるのは、こんな理由があったのですね。

sayuuとは「左右」のこと。右と左がわかると、自分の立ち位置がわかるから、と名付けたのだとか。

古い金槌コレクション。これでたたくと、金属につく傷が均一でなくなるので、味わいのある仕上げに。

マリッジリングをはじめ、好きな石を選んでジュエリーをオーダーすることもできます。

竹俣くん監修で、デザイナーの猿山修さんがデザインしたryoシリーズは、プレス加工し高温で焼いて黒くなったところをあえて残し、アンティークのような趣に。

古い小さな焼き物を見つけては、それに合うフタを金属で作る。取り合わせの妙で美しい道具ができあがる、という作品。

map → p.150-**2B**

吉はし菓子所

基本的に生菓子は店頭には並んでいません。予約なしの場合は本練り羊羹やどら焼きがおすすめ。

お茶文化の街で上生菓子を

「金沢のお茶席に出されるお菓子は、ほぼすべてここのものだと思います」と竹俣くん。色合いや形……。その佇まいの美しさに思わずうっとり。上品な甘さで、口の中ですっと溶けるよう。金沢の老舗和菓子店から独立した店主の吉橋大平さんは、着物の図案からお菓子のデザインを起こし、ご自分で見本帳を編み、季節の生菓子を作ってきたそうです。基本的に生菓子は前日までに予約しておき受け取りに行く、というスタイル。旅行に行くなら2～3日前に電話で予約しておくとよいようです。

10月に訪ねた際予約しておいたふたつ。ピンクの方が「齢草《よわいぐさ》」。菊の別名です。下が「水面の月」。
竹俣くんは、お茶道具を作り始めた数年前からお茶のお稽古に。そのとき出されるのがここのお菓子なのだとか。

茶屋街に揺れる暖簾が目印。茶商であり、加賀藩を代表する俳人でもあった、小杉一笑の名をとって店名にしたのだそう。

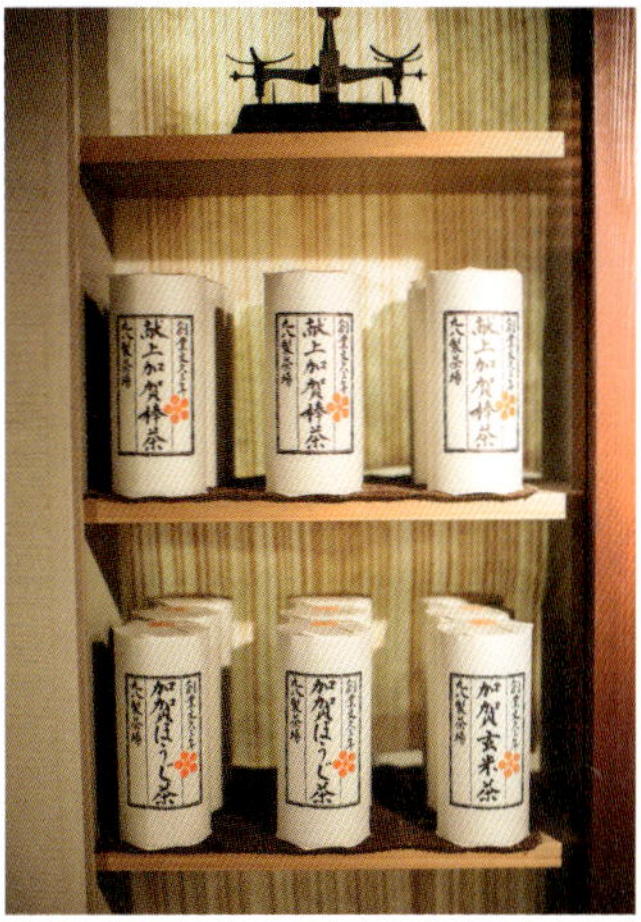

文字のみのパッケージが、老舗の伝統を感じさせます。お土産にしても喜ばれるはず。

棒茶は、煎茶のようにお湯の温度を加減しなくても、沸騰したお湯でさっとおいしく淹れられるのがいいところ。

map → p.150-**1B**

茶房一笑

香ばしい棒茶でひと休み

加賀棒茶といえば……と思い浮かぶ老舗が「丸八製茶場」です。創業はなんと文久3年！　日本で初めて「加賀棒茶」という茎のほうじ茶を作ったことでも知られています。そんな棒茶のほか、煎茶、玉露、抹茶などの4種類のお茶や、季節の上生菓子、白玉ぜんざいなどがいただけるのがこの茶房。ひがし茶屋街の中にあり、「金沢を旅している！」という気分に浸れます。ゆったりとした座席なので、歩き疲れた頃、お茶を飲んでひと休みする場におすすめです。

いつも飲む棒茶は加賀のものだったんだと改めて見直しました。地元で味わうとまた格別です。

約180年続く老舗。間口の広い大店の構えで1階は蔀戸《しとみど》を残し伝統的な町家づくり。

建物は金沢の指定保存建造物にもなっています。昔は周りにたくさんあった糀屋さんも、今ではここ一軒に。

map → p.150-1B

高木糀商店

ずっと変わらないものがあると実感

10年ほど前に娘と一緒に訪れたのですが、久しぶりに伺ったら、その時のことをよく覚えてくださっていて感激。小さかった娘はもう高校生。高木家も8代目の高木竜さんが結婚され、お子さんがふたり生まれ……と時の流れを感じました。でも、糀に対する想いはちっとも変わっておらず、真面目に正直に作っておられる姿勢に頭の下がる思いがしたのでした。

　お米を杉桶で蒸し、「糀蓋《こうじぶた》」と呼ばれる板の上にのせ、糀菌を蒔いて室《むろ》に入れて46時間。すると真っ白な糀の花が咲きます。これを一折、二折と買うのが、昔ながらの習慣。甘酒にしたり、調味料代わりに料理にも。

　いつも感心するのは、作業場がとてもきれいだということ。隅々まで本当に目が行き渡っているのです。ああいいな、気持ちいいな、また来たい！　そう思わせてくれるのは、糀のおいしさはもちろん高木家の家族のお人柄や、こうした姿勢なのではと思っています。

手前に重ねてあるのが糀を熟成させるための糀蓋、土間には蒸し釜や杉桶が並ぶ。

国産材料のみを使い、木桶天然醸造で作った３年みそ、杉桶みそ、花街みその３種類のみそを販売。

８代目髙木竜さん。お店では糀や発酵の力を知ってもらおうと、「みそづくりの会」も開催しているそう。

真っ白な糀の美しいこと。「発酵」という日本の食文化を支えてきた力強さを秘めています。

map→p.150-2B

ユートピアノ

昭和13年創業の建具屋さんの作業場を５組でシェアし、アトリエ＆ショップ「ひがしやま荘」に。

旅先で活版の名刺をオーダー

ひがし茶屋街をウロウロしていた時に見つけたお店です。古道具屋さんかな？　それとも雑貨屋さん？　と思って入ったのですが、５組のオーナーがシェアしているのですって。中でもとても気になったのが、活版印刷で名刺やカードなどを作ってくれるという「ユートピアノ」。店主の松永紗耶加さんは、美術大学卒業後に、たまたまご自身の作品制作を依頼した印刷屋さんが廃業されることを知ったそうです。活版の活字や道具が処分されるのはもったいない！「私に譲ってください！」とお願いし、版の組み方、刷り方などを一から教わったのだとか。

お店の雰囲気からきっと素敵な名刺を作ってくれそう……と感じて、さっそくオーダー。書体や紙、文字の配置などを相談し、待つこと1か月ほど。できあがってきた名刺は、すっきりシンプル。でもどこか人の手仕事が伝わる温かみのあるもので、とても嬉しかったなあ。

鉛の活字を組み、手動の印刷機で一枚ずつ名刺やカードを。ここで毎日、松永さんの地道な作業が続きます。

約1か月待って、できあがった名刺。活版ならではの手触りや凹凸が嬉しい。名刺を渡すのが楽しみになります。

活字は部首ごとに並んでいるそうです。文字の並べ方、探し方も、松永さんが師匠から習った技のひとつだそう。

活版で組んでいただいた「伊藤まさこ」の組版。「込め物」と呼ばれる文字と文字のスペースが美しさを生み出す秘訣。

map → p.150-**2B**

昆布海産物處 しら井

ついつい買いすぎてしまう乾物店

運ばれてくる端からどんどん売れていく……という人気の昆布巻きは、能登のいしりを隠し味に、地元の醤油とザラメで炊き上げたもの。ふっくらとした昆布、にしんのほどよい甘さなど、一口いただくと思わずうっとりしてしまいます。

「普段づかいはもちろん、県外の人にもお土産としてよく持っていく」という竹俣くん。なるほど！と自宅用に、近所に住む友人に、それから海外に住む知人にも送ろうと、この日もたくさんお買い物をしました。

もともと金沢は北前船の寄港地。日本全国のおいしいものが集まるところ。創業90年のこの店は、地元の海産物と、各地の乾物を商ってきたのだとか。店内には、さまざまな昆布や鰹節、干し椎茸などの乾物から珍味までがずらりと並んでいます。昆布でじっくりととった出汁のおいしさは言わずもがな。帰った後も金沢の「おいしいもの」が楽しめるなんて幸せではありませんか。

「こんぶ暖簾」と呼ばれる大きな暖簾が目印です。

塗り物の上にきれいに盛り付けられて、店頭に運ばれてくる昆布巻き。

毎日お店の奥で5〜6時間かけて炊き上げる昆布巻きはツヤツヤ。甘すぎず辛すぎず、ほろりとにしんが口でほどける柔らかさです。

「これ、おいしいんですよ〜」と教えてくれた白井社長。“昆布愛”いっぱいの方でした。

店内には、昆布以外にも魚の干物や干し椎茸、ふりかけなどがいっぱい。帰ってからの料理を思い浮かべながらお買い物を。

map → p.150-2B

ひがしやま　ちょう吉

香ばしい焼き目の親子丼

竹俣くんがよくお昼を食べにやってくるという「ひがしやま ちょう吉」。夜は焼き鳥屋さんですが、お昼は親子丼がいただけます。片面を炭火であぶった鶏肉を、ふわっふわの卵でとじる。九条ネギの火の通し方も完璧で、食べた後に「またすぐ食べたい!」。そう思わせてくれる味です。ひがし茶屋街のすぐ近くにありますが、ふとまわりを見渡すと、近所の会社の方がふらりとお昼ご飯にやって来たりして、常連さんが多い。夜も地元の人がほとんどとか。今度は夜に、焼き鳥と日本酒を。

店内はカウンター席と、小上がり（座敷）の8席。3代目の山田雄紀さんの、丁寧で手際のいい親子丼作りの手元を眺めることもできます。

親子丼は昼のみ。できたてをはふはふ言いながら食べるのがおすすめです。味噌汁付きで800円

map → p.150

浅野川

穏やかに流れる優しい川

金沢の街には犀川（男川）と浅野川（女川）というふたつの川が流れていて、それぞれ異なった風情が楽しめます。こちらは浅野川。「春になると桜がきれい」とか「夜はしっとりとしていい」なんて、金沢の人たちは、みんなそれぞれに浅野川に対する思い入れがある様子。ふたつの川の間には、兼六園や金沢城公園、近江町市場などがあるので、川の位置を意識しながら街を歩くと、自分が今どこにいるかが把握しやすい。それにしても街の中に川が流れているっていいなあ。のんびりした気分になるもの。

朝、昼、夕方と１日の中でも表情を変える川。旅の途中にちょっと立ち止まって眺めてみるのもいいかも。

石川県の伝統工芸、金沢桐工芸を継ぐ「岩本清商店」で、伝統を生かしながら“今”に生きる器や道具の商品開発や販売を担当。2人の子供のおかあさんでもある。著書に、金沢案内の本『乙女の金沢』(マーブルトロン刊)。

岩本歩弓さん

金沢の街を俯瞰して見ることができる人

東京の出版社にお勤めしていた頃から共通の友人知人が多かった岩本さん。ご実家は金沢に代々続く桐工芸屋さんとは知っていたものの、風の噂でご主人の健介さんとともにお仕事を継ぐことになったらしい、と聞いてびっくり。それが今から10年ほど前のことでした。

その後、ご実家のお仕事のかたわら、石川のいいもの、おいしいものを集めて「春らら市」「冬の友」などのイベントを開催したり、『乙女の金沢』という本を出版したり。この本のおかげで私は金沢の「かわいい」をたくさん知ることができたのでした。

娘がまだ小さかった頃、金沢を旅した時に街案内をしてくれた岩本さん。東京で暮らしていたからかな？　地元の人だと当たり前すぎて見落としてしまいがちな「金沢のいいところ」を見つけるのがとっても上手だなぁと感じ入りました。今回も辻さんとも竹俣くんともひと味違う金沢案内をしてくれました。

桐のお茶托は、シンプルで使い勝手がよさそう。表面を焼くことで、木目が際立つそうです。

map→p.151-4A

岩本清商店

店内にはトレーや小さなふたものなど、渋いけれどちょっとかわいい小物がいっぱい。「自分が欲しくなるもの」という視点で岩本さんもアイデアを出し、商品づくりをしているそうです。

お菓子をのせたり、茶托代わりにも使える「角トレー」。「錆上げ蒔絵」という、少し光沢を落としたワンポイントの蒔絵がかわいい。

築100年近いというご実家の一角を改装し、桐工芸の小物を販売する仮店舗をオープン。

軽くて調湿、耐火性に優れた桐を生活用品にするという昔の人の知恵はすごい。

昔ながらの桐の火鉢は驚きの軽さ。

お店の前を剣道帰りの少年が。のんびりした街。

東京から戻って、家業や金沢の街を新たな目で見直してきたという岩本さん。

金沢伝統の桐工芸に触れる

大正2年創業のこのお店は、現在金沢では唯一の桐工芸の専門店です。岩本さんのお父様、岩本清史郎さんが4代目で、その後を岩本さんと弟さん、そしてご主人の内田健介さんが継いだそう。店の裏手にある作業場は昔から変わることのない姿を残していました。

もともとは桐火鉢専門だったという岩本清商店。店には今なお作り続けている火鉢が残っています。「桐箪笥は火事が起きても燃えにくい」と言われるように、桐は火鉢に最適なのだとか。そんな伝統を今に生かして作ったのが「ちょこっとトレー」。表面をバーナーであぶり、表面が焦げた板を磨いてウレタンか拭き漆で仕上げると、美しい木目トレーのできあがり。お茶やお菓子を「ちょこっと」置くのにぴったりです。蒔絵を施した、伝統工芸の品もあれば、今の暮らしに取り入れやすいアイテムも。岩本さんが金沢に戻ってきて、工房に新しい風を吹き込んだのでは……と思っています。

map→p.151-4A

花のアトリエ こすもす

古い薬局を生かした花屋さん

岩本清商店から歩いてすぐのお花屋さん。昭和初期に建てられた薬屋さんだった建物との出会いで、ここにお花屋さんを作ったという角島泉さん。「イヅミ薬局」という緑青のふいた銅板の看板を見て、ふと「あれ、泉とイヅミ？　何か関係性が？」と思ったのですが、それも偶然の出会いと聞いてびっくり。運命を自分の味方にする人なのだなあと、初めてお会いしたにもかかわらず、なぜかすとんと腑に落ちたのでした。居心地のよさは、この建物の持ち味もあると思うけれど、もともとここにあったという棚や瓶を生かしたしつらえの仕方や、曲がった花は曲がったままにという角島さんの花の飾り方がそう思わせてくれるのだなと思います。今しかない花を中心に仕入れているという角島さん。半日以上かけて花がいちばん美しく見える置き場所を決めるそう。岩本さんもときどき訪れているみたい。だってご近所だもの。いいなあと思いました。

イヅミ薬局の看板はそのままに。「あれ、なんのお店かしら？」という意外性も面白い。

元薬剤室だったスペースも、そのまま活かしてバックヤードに。棚の薬瓶も、ここに残されていたものだそうです。

どの花の横にどの花を置くか。店内のディスプレイも角島さんが緻密に計算したもの。

天井までの棚と引き出しは、かつて薬を保存したもの。どんな人がどんな薬を買いに来たのかしら？と想像力が膨らみます。小さなグラスを使った花あしらいが素敵。

大胆でいて繊細。角島さんの花選び、組み合わせのセンスはさすが。

買った花をホテルの部屋に生けてみると、ほっと空気が和みます。

map → p.150-2B

あうん堂

相性のよい古書店

ひがし茶屋街にほど近い、ひっそりとした住宅街にあるのが、古書とカフェの店「あうん堂」。本好きだったご主人の本多博行さんは、サラリーマンを辞めて、生まれ育ったこの築90年の町家でお店を開いたそう。食べる、旅する、映画を見る……と「暮らしを楽しむ」がセレクトの軸。私も欲しい本がたくさんあって、入るなり、あっちへウロウロ、こっちへウロウロ。棚と棚の空き具合、頃合いがよくて、自然に本と向き合えて、いい感じです。

その奥の小さなスペースがカフェになっていて、そちらは奥様の恵子さんが取り仕切っておられます。この日も恵子さんのお友達がお茶を飲みに来ていて賑やか。本探しに夢中になっていたら、あれ？　一緒に来た岩本さん、お客様に混ざってすっかり和んでいる！　岩本さんもまた、この街の人なのですね。都会ではこういう人と人とのおつきあいが少ないから、なんだかうらやましく思いました。

細長い「本の廊下」を通って奥の間へ。このこぢんまりした感じも好きです。

しばし、ひとりで本の世界に没頭。昔ながらの装丁、デザイン、文字のフォント、紙の質感やインクの匂い。古本屋さんの楽しさって、五感すべてで味わうものだと思います。

カフェでは、二三味《にざみ》ブレンド、p110で紹介する東出珈琲店の東出ブレンド、そして、中川ワニ珈琲の３つの味が楽しめます。お気に入りの本を手に静かに時を過ごすもよし、集まった人たちとおしゃべりを楽しむもよし。

店主の本多さんとの会話も楽しみ。

map → p.150-**2B**

月天心

持って帰れるお菓子も。左から栗入りの棹物《さおもの》、かのこ豆の甘納豆、くるみのゆべし。包装紙がかわいい。

その日作ってその日のうちに

「あうん堂」のすぐ近くに気になる和菓子屋さんがありました。そうそう、岩本さんが「小さなイートインスペースでいただくできたてのお菓子が最高！」って言ってましたっけ。生菓子中心なので、持って帰れるものは少ないのですが、金沢に来たからこそ、ここでしか味わえないものをいただきたい。一口食べると優しい甘みが口の中に広がって……。口福！　到着してすぐと帰る直前、二度訪れたいお店です。ご夫婦で、その日作れる数だけを作っているので予約するのがおすすめです。

店内で、できたての豆大福（季節限定）をいただきました。ふわふわのお餅と赤えんどうが最高！

こちらは、ほんのりした甘さの焼き芋ういろ（季節限定）。

売り切れ次第閉店。１個から取り置きもしてくれます。

「しっとりとしていて美しい」と岩本さんおすすめの夕暮れの浅野川を見に中の橋へ。

主計町《かずえまち》の灯りがぽつりぽつりと灯って。

夕暮れ時、昼間とはまた別な顔の浅野川を静かに眺めるひとときもいいもの。

珠洲の海辺の舟小屋から始まったという二三味珈琲。焙煎したての舟小屋ブレンドと二三味ブレンドを買いました。

人懐こいジャックラッセルテリアのだんごちゃん。

以前は履物屋さんだった建物を改装してお店にしたそうです。小さな小物があれこれ並んで楽しい。

map → p.151-**4B**

コラボン

いろんな出会いにワクワク

東別院の門前、金澤表参道商店街にあるギャラリー喫茶です。店内には器や靴、アクセサリーや文房具など、手仕事で作られたものが、こまごまと並んでいて楽しげな様子。能登半島珠洲にある「二三味《にざみ》珈琲」の豆や、天然酵母の「寺町大丸堂」のパンも。喫茶では、加賀棒茶オレやラム入りチャイがおすすめだとか。それにしても、看板犬のだんごちゃんのおとなしくていい子なこと！　一緒に記念撮影がしたいとお願いしたら、トコトコと入り口までついてきてくれました。感激。

昔懐かしいボンネットバスは、淡い水色と小豆色の組み合わせがなんともおしゃれ。

map→p.155

城下まち金沢周遊バス

暮らしている人の目線で街巡り

街を歩いているとよく遭遇するのが、昔懐かしさいっぱいの「城下まち金沢周遊バス」です。創立70周年を記念してボンネットバスの当時のデザインを復刻。金沢駅兼六園口（東口）から、ひがし茶屋街、兼六園下・金沢城、香林坊などを巡ります。右回りルートと左回りルートが約15分おきに巡回しているので便利。目的地から目的地へビュンと素早く行くタクシーもいいけれど、時には乗り間違えたりしながら、のんびり巡るバスの旅もよし。修学旅行生と席を並べて、少しの間バスの旅を楽しみました。

早起きして、朝の主計町を散歩。夜のイメージがある茶屋街も、朝には一味違った表情を見せてくれます。路地と坂を巡ると新たな発見も。

久保市乙剣宮の境内は、泉鏡花の子供の頃の遊び場だったのだとか。

map → p.150-2B

主計町《かずえまち》〜泉鏡花記念館

茶屋街を朝に歩く楽しさ

主計町茶屋街は、以前夜に訪れたことがありましたが、今回は岩本さんに誘われて朝の散歩。浅野川大橋から裏路地に入り、暗がり坂を上がると久保《くぼ》市乙剣宮《いちおとつるぎぐう》があります。この神社の庭にあるケヤキの木を眺めたら、次はあかり坂を下りて、ぐるりと一周。どちらの坂も近いので、両方を歩いてみるといいと思います。岩本さんは、自転車でやって来て合流。近くの和菓子屋さんの店先に「ちょっと停めさせて」と、なんだか「勝手知ったる」感じだったなあ。「戦災にあっていない街だから、道は細く曲がりくねっていて、路地裏を歩くのが楽しいの」と岩本さん。確かにあっちに行って、こっちを曲がって、曲がった先にはあら、こんな景色が！なんて驚くこともしばしば。

坂を上がったところにあるのが泉鏡花記念館です。ここは鏡花の生家跡。その美しさから「鏡花本」と称された初版本の装丁の素晴らしいこと。日本画家小村雪岱《せったい》の装丁が見どころです。

路地の奥にクネクネ曲がった階段が続く主計町らしい風景の中、岩本さんとおしゃべりしながら散歩。

大きなケヤキの木を見上げて深呼吸。旅先の空って、なぜか見とれてしまいます。

暗がり坂の石垣に、みずみずしい苔を発見。

浅野川大橋のたもとから主計町へ。格子窓の料亭や茶屋が軒を連ねる中を細い路地が続きます。

あかり坂を上ったところ。板壁が多いのもこの界隈ならでは。

こちらが泉鏡花記念館。鏡花のおいたちや、作品の背景を知り、戯曲など美しい作品の初版本などを見ることができます。

兎モチーフのものを集めていたという鏡花。これはすずり箱。

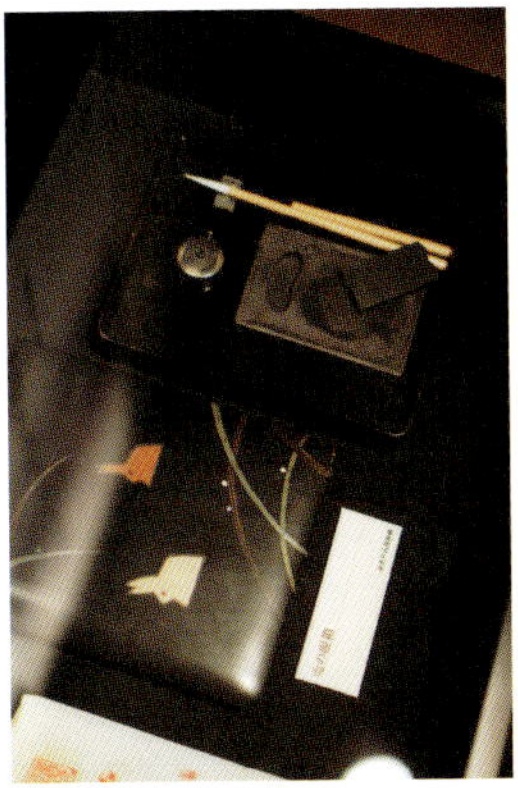

浪漫主義の大家といわれ、幻想的な小説や戯曲を数多く残した泉鏡花の初版本の装丁は繊細で、どこかロマンティック。文学と絵画がひとつになった一冊に、今にはない本の貴重さを感じます。左は、その時代に鏡花の装丁を数多く手がけた小村雪岱の絵。

map → p.151-5D

オヨヨ書林 せせらぎ通り店

憧れの天井までの本棚が！

鞍月用水の疎水沿いにぶらぶら散歩しながらお店を巡れる「せせらぎ通り商店街」。その一角、ここ「オヨヨ書林」で、子供のために古い絵本を買うことが多いという岩本さん。広い店内はいろんなジャンルの本がそろっています。そんな中から、「自分のための一冊」を時間を忘れて選ぶのが楽しい。店主の佐々木奈津さんが、「たくさん並ぶ本の中から、そのお客様にぴったりな本を選ばれるんです。それがとても嬉しい」とおっしゃっていたのが印象的でした。

ずっと気になっていた本を見つけたり、思いがけない一冊に出会ったり。あっという間に時間が過ぎていきます。

店内は、アート、文学、生活など、ゆるりとジャンル分けされています。

キッチンで焼きたてのパンがすぐ店頭へ。いい香りにつられてあれもこれも欲しくなります。

map → p.151-5D

ビストロ ひらみぱん

店主の平見さんが厳選した塩やオイル、紅茶やオリジナルコーヒー豆などの食材から地元作家さんがデザインしたボーダーシャツなどのオリジナルウェアも販売。

せせらぎ通りでパンを買う

「オヨヨ書林」を訪ねた時に、パンを焼くよい香りがぷーんと漂ってきました。窓からのぞくとなんだかいい雰囲気。旅の最終日に寄って、翌日家での朝ごはんに……。そう思って訪ねてみました。店内にはテーブル席もあり、こちらでは、スープやキッシュ、パテなどパンに合うメニューが楽しめます。ランチをいただいている間にも、地元のお客様がひっきりなしにパンを買いにやって来ていました。そうだよね、この香りをかいでしまったら、きっと私だって素通りはできないもの。

この日のスープは、優しい甘さのさつまいものポタージュ。パンとスープのセットで700円。

map → p.149

中谷宇吉郎 雪の科学館

加賀で雪の結晶の秘密を知る

その昔、古書店でふと見つけた『雪』という一冊の本。そこには天然雪の研究から、やがては世界に先駆けて人工雪の実験に成功したという物理学者、中谷宇吉郎博士の想いが綴られていました。雪の結晶ってどうやってできるんだろう？　子供の頃に不思議だったそんな想いを、想いだけにとどめずに研究した人がいるんだ。なんだか宝物に出会ったような気持ちになったのでした。

「雪は天から送られてきた手紙である」。そんな素敵な言葉を残した博士は、「雪博士」と呼ばれた世界的に有名な雪氷学者でしたが、その一方で多くの優れた随筆も生み出しました。ここ片山津温泉は博士の故郷。金沢から電車に揺られて1時間。いつかは訪れたいと思っていた場所に、やっと来ることができました。博士ってどんな人？　雪の結晶ってどうやってできるの？　いろんな秘密がこのかわいらしい科学館に詰まっています。

エントランスからボードウォークを歩くと、六角形のかわいい建物が見えてきます。

上はシャボン玉の膜にダイヤモンドダストを吹き付け、雪結晶のような形が広がったところ。館内では普通は目に見えない雪や氷の姿を見ることができます。

建物の天井はガラス張りに。雪が降る日に見上げたら、どんなふうに見えるのかなあと、想像が膨らみます。

顕微鏡で見た雪の結晶に、こんなに種類があるとはびっくり！

アルミの型を使うと、たちまち氷のペンダントのできあがり。子どもたちが一番喜ぶ実験なのだとか。このまま持って帰りたいけれどできないのが残念。

過冷却水に氷のかけらをひとつ入れると、たちまち凍っていきます。

氷に強い光をあてると、表面だけでなく内部からも溶け、雪の結晶によく似たアイスフラワーができます。

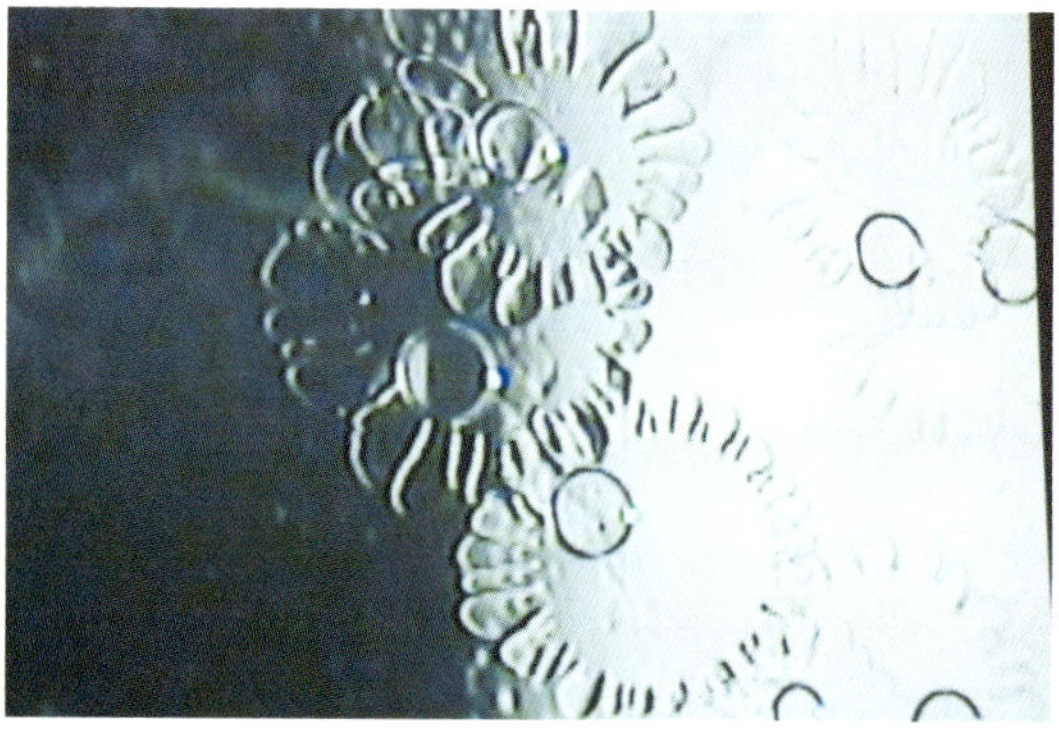

雪の実験は、大人でも思わず夢中に。

遠く白山を望み、柴山潟に面するロケーションに建つ科学館は、建築家磯崎新氏によって、雪をイメージした六角塔に建てられました。中谷宇吉郎博士の足跡をたどる展示を見た後は、「雪の結晶ゾーン」へ。ここでは、さまざまな実験を見学できます。

たとえば、水はきっかけがないと氷になりません。そこで冷凍庫の中で、あのプチプチをつぶすと、その圧力がきっかけとなって、ダイヤモンドダストが舞い始めます。その神秘的な様子に思わず拍手！　そのほかにも、シャボン玉の膜にダイヤモンドダストがくっつく様子を眺めたり、氷のペンダントを作ったり。いつもは見えないものを目にすることに夢中になって、時間がたつのも忘れるほど。どの実験も雪の結晶がとてもきれいなので、大人も一緒に楽しめます。ああ、面白かった！　と館を出る頃には、冬が来るのが楽しみになっていました。雪を見る目が変わりそうです。

中庭は中谷博士が最後の研究をしたグリーンランド氷河の石の原。人工霧が舞います。

雪の科学館から車で5分ほど。越前加賀海岸国定公園の尼御前岬から見た日本海。

利岡祥子さん

九谷焼の窯元に生まれる。福光屋の初めてのショップの立ち上げに参加。商品デザインやセレクトを担当。現在は開発本部で、銀座店や二子玉川店などの店舗、商品開発、さらに海外への展開を手がける。

いつもおいしいお酒と一緒

金沢には、もうひとり姐《ねえ》さんがいます。福光屋の利岡祥子さん。利岡さんとは日本全国いろいろなところでお目にかかります。福光屋は東京にも直営店があるので、東京でもしょっちゅう。ご一緒する時は、いつもおいしいお酒と一緒です。8つ年上なのですが、驚きの美肌の持ち主！　お会いするたびにしっとり真っ白な美しさにびっくりするのですが、それはきっと金沢の気候と風土、それからお酒（？）によるものなのでしょう。おすすめのお酒はもちろん、お酒と相性のよい肴、調味料、そして、福光屋オリジナルの化粧品にいたるまでいろいろ相談しています。

金沢を訪れる時も、もちろん頼りにしていて、その時の気持ちやシチュエーションにぴったり合った店選びをさりげなくしてくださいます。姐さんなんだけど、グイッと引っ張っていくのではなく、横に寄り添ってくれる感じ。そこがまた頼りになるのです。

福光屋のお酒は、すべてが純米造り。米と水のみで醸しています。

さらりとした後味の「福正宗」は、福光屋を代表するお酒であると同時に金沢を代表する地酒。

map → p.149

福光屋

この日のお酒は「黒帯」「加賀鳶」と、「初心《はつごころ》」の純米酒＆純米大吟醸。酒肴３種盛と合わせた「飲み比べセット」は1100円。

せっかくだから、お酒をちょっと

丁寧に造られる福光屋のお酒。利岡さんが「うちのお酒は、いくら飲んでも二日酔いしないの」とおっしゃるだけあって、すい～っと喉を通り抜け、体に染み込んでいきます。お酒ってつくづく興味深い飲み物だなあと思います。

福光屋のショップの奥には、バー&スイーツコーナーがあり、その季節のお酒とおつまみそれぞれが3種ついた「飲み比べセット」なんていう嬉しいものも。奈良漬や豆腐の味噌漬けなどのおつまみが、またたまらなくおいしいのです。

甘いものも充実していて、酒粕クリームを使ったロールケーキや酒粕アイス、さらに夏には、仕込み水のかき氷も人気なのだとか。ちょっと一休みした後はお買い物。福光屋の商品はお土産にすると喜ばれます。お酒はもちろん、オリジナルの甘酒や塩麹のほか、地元の調味料も充実。必ず立ち寄りたい、おいしいセレクトショップです。

酒蔵には、地下150メートルから水が湧き出す井戸があります。白山麓に降った雨が染み込み百年かけてこの蔵にたどりつくそう。創業以来一歩も動かなかったのはこの仕込水があるから。

1625年創業の福光屋は、金沢で最も長い歴史を持つ酒蔵だそうです。冬になると蔵には張り詰めた空気が漂い、仕込みの季節が始まります。そんな酒蔵の見学は、毎週月曜日と金曜日で予約制。90分の蔵内コースと、30分のお気軽コースがあります。搾りたてのお酒の試飲つき（期間限定。要問い合せ）。

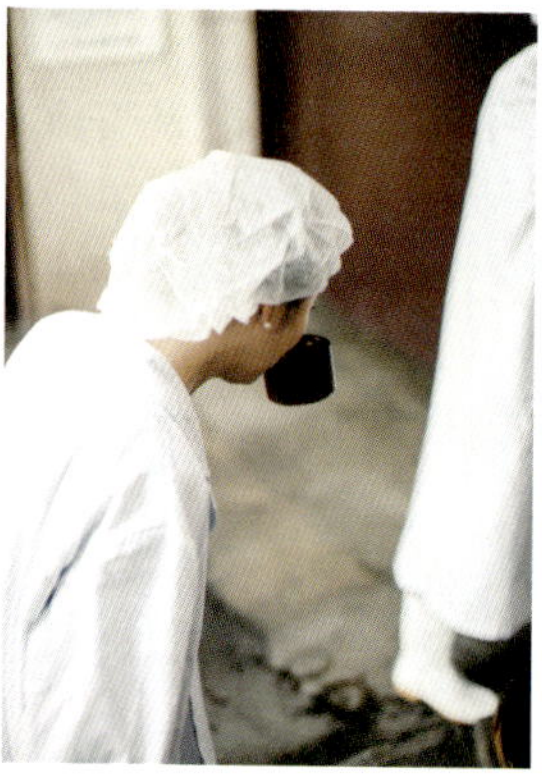

仕込み水を一口飲ませていただきました。柔らかくて、まろやかなことにびっくり！

酒蔵で味わうできたての味

普段は松屋銀座や玉川髙島屋の直営店で手に入れて飲んでいる福光屋のお酒。金沢に来たのならば、ぜひ造っている現場を見てみたい！と晴れて念願の酒蔵見学へ。白衣を着て、シャワーキャップのような帽子をかぶって、準備万端！　酒母造りから本仕込みまで、お酒ができるまでの工程を、説明を聞きながら見て歩いて思ったのは、本当に丁寧に「手造り」されているんだなあということ。酒造りのレシピは決まっているそうですが、最後の調整は杜氏《とうじ》さんの勘によるところも大きいのですね。酵母がぷくぷく発酵している様子を見て、私が「なんだかかわいいですね～」というと「そうなんです、いくら見ていても飽きないんです」と杜氏さん。本当にお酒を愛していらっしゃるんだなあと感じました。

酒蔵では、製品になる前段階のお酒も味わうことができます。シンと冷えた酒蔵でいただくできたてのお酒、おいしかったなあ。

昼夜をわかたずきめ細やかな手入れをして作られる麹。お酒造りの要のような存在です。

福光屋の日本酒はすべてが純米造り。米と水という自然の恵みに、微生物たちの働きによる自然の力が加わって、おいしいお酒が生まれます。蔵では、職人さんたちが自然の摂理にのっとって、環境を整え、黙々と働いていました。

これが酒母。蒸した米に麹と水を混ぜて２週間から１か月かけて造ります。

map→p.151-4B

近江町市場

市場へは帰る前の日に行くべし

旅先では必ず市場をのぞくことにしています。そこにはその土地の食文化がぎゅうっと詰まっているから。金沢の食材が豊かなことは、いろいろなお店を訪れてわかったつもりでも、こうして市場をのぞくと、それが自分の想像をはるかに上回っていることに気づかされます。魚に始まり、野菜、乾物……。秋にはきのこでいっぱい。次に訪れた時はカニ！　市場の風景は季節そのものなのです。

金沢駅から歩いて15分ほど。店員さんの威勢のいい声を聞きながら、あれが欲しい、これも欲しいなんて、ついつい前のめりになる気持ちを抑えつつ、地元の人に混じってお買い物。扱ったことがない加賀野菜などは、お店の人に尋ねれば、丁寧に料理方法などを教えてくれます。帰る前の日、市場に行って買い物をし、宅配便で送っておけば、帰ってすぐに家で金沢の食材と向き合って料理ができる。この方法、かなりいいなと最近味をしめています。

店先に並ぶものは、季節ごとにガラリと変わります。初冬には牡蠣が主役。

鮮魚から干物、野菜や果物など。市場を歩いているだけでワクワク楽しくなってきます。

能登や富山沖で獲れる牡蠣は、こんなに大きくてびっくり！とろりとしたクリーミーな味わいでした。お買い物途中に、あれこれ食べ歩くのも市場のお楽しみです。

鮮魚、青果、精肉など約180の店が軒を連ねます。通称は「おみちょ」って言うんですって。朝は7時から。早い時間に行くと、溢れる活気を体感できます。

袋町と犀川口の市場が併合されたこの市場は290年もの歴史があるそうです。

思わず「うわ〜、おいしそ〜！」と声が出てしまった、つやつやのナメコ。ナメコ汁にしたらご馳走になりそう。

秋の市場には、あちこちに松茸が。こんなに大きいのに安い！　さっそく宅配便で送って、帰ってから松茸ごはんを作りました。

十間町口
市姫神社口
エムザ口
新通り

map → p.151-4B

近江町食堂

何食べようかなと迷う時間も楽しい

市場の中で最も長い歴史を持つ食堂です。「新鮮なお魚が味わえるの」と利岡さん。通りから少し奥まったところにあるので、「近江町市場の穴」と呼ばれているのだとか。つい、旬のお刺身がたっぷりのっかった「海鮮丼！」と言いたくなってしまうのですが、他にものどぐろの塩焼きや、ガンド（ぶりの若魚）の刺身定食なども見逃せないし、舞茸の天ぷら定食なんていうおいしそうな品も。つい欲張りになって、あれこれ頼みたくなってしまう、魚メニューがたくさんあります。

黒板とにらめっこしながら、何を頼もうかなと思案中。朝は10時半から。夕方は17時から22時までオープンしているそうです。

一番人気はなんといっても海鮮丼。この具沢山っぷりを見たら食べずにはいられません！

map → p.151-4C

金澤大地「たなつや」

オーガニックの米飴に注目

市場をぶらぶら歩いていると、なんだか洒落た店を発見。十間町口近くにある「たなつや」さんは、岩本さんが「いいよ」と教えてくれたお店でした。無農薬、有機栽培農家が運営する、穀物の専門店です。「たなつもの」とは穀物のことなのだとか。有機栽培米はもちろん、お米を糖化させて作る米飴もあります。優しい味わいの飴は、そのままぺろりと舐めるのもいいけれど、お菓子や料理にも使えてとても便利。パッケージもかわいいので、金沢土産にいいなあと思いました。

「起き上がり棒キャンデー」は
米飴のべっこう飴。

雑貨を選ぶように穀物を選ぶのがこのお店らしさ。色とりどりの雑穀類、豆類が並んでいます。

map → p.151-4C

東出珈琲店

旅の合間の休憩所

金沢の朝はここで始まる……と言ってもいいぐらい好きになったお店です。辻さんをはじめ、みんなが「おすすめ」と言っていた理由が、訪れてみてわかりました。近江町市場のほど近く。買い物帰りの人や、市場にお勤めの人がふらりとやって来ては、ほっと一息つく……。そんな街に根付いた珈琲屋さんという感じ。

　手で選り分けるというコーヒー豆、店内で行う焙煎の仕方、そしてコーヒーの淹れ方など、こだわっているのに違いないのにさりげない。だからどんなお客さんも受け入れてくれる懐の深さがあるのだなと思いました。朝食はトーストのみ。バタートーストか、ジャムトーストか、バターとジャム両方かを選びます。メニューがたくさんありすぎないのもいい感じ。ふと疲れたらここのコーヒーが飲みたくなる。朝に限らず、「ちょっとひと休み」の和める場所ができて嬉しいです。

建物は戦前からのもの。趣のあるいい感じの外観。

店主の東出さんは、この地で30年続いてきた珈琲店を受け継いだそう。「おしゃれなカフェは無理。常連さんに愛される店がいい」と語ってくれました。

手作りプリンは、卵、生クリーム、牛乳にバニラビーンズをたっぷり。苦味を立たせたキャラメルがコーヒーによく合います。

朝ご飯に、市場の帰りに、買い物のついでにと、1日に何度も立ち寄りたくなるお店。旅先に自分の居場所ができると嬉しいものです。

ditting

カウンターは常連さんでいっぱい。店内で焙煎された豆がずらりと並びます。

map → p.151-4C

ホテルパシフィック金沢

館内の案内のサインや部屋のルームナンバーなどの文字も洒落てます。

小洒落ていてリーズナブルな旅の拠点

辻さんがすすめてくれたホテルです。まずはじめに値段にびっくり！　時期にもよりますが、シングル３９００円から!?　部屋はどんな感じ？　と思ったら、こぢんまりとしていて、とてもきちんとしている。そしてなんといっても市場や金沢城公園にも歩いてすぐという立地がいい。ホテルには、レンタサイクルもあるので、どこへでも行けてしまいそう。１階にはフロント代わりのカフェがあって、コーヒーを飲んでいると、知らない旅人同士も自然に仲良くなるんですって。

真っ白なシーツからタオル、パジャマまで、無駄を削ぎ落としたシンプルさが心地いい。ここは、ツインエクストラの部屋。

エントランスを入るとまず目に入るのがカフェカウンター。ハンドドリップで丁寧に淹れたコーヒーを味わうことができます。夜にはワインやビールが飲めるバーに早変わり。

レンタサイクルの自転車は、メイドイン金沢。金沢観光の足となってくれます。

ホテルパシフィックのお兄さんに朝の散歩のおすすめの場所を尋ねたところ教えてくれたのがここ。ホテルから歩いて10分ほど。金沢城公園。

金沢城公園の新丸広場。まだ街が動き出していない朝の公園へ。ひろ〜い公園を独り占めして、なんだかちょっと得した気分。

1階がフルーツショップ、2階がパーラー。赤いテーブルクロスでレトロな雰囲気の店内で、ゆっくり季節の恵みを味わえます。

map→p.151-5C

フルーツ むらはた

老舗果物店でパフェをほおばる

辻さんが「フルーツパーラーなら、むらはた」と太鼓判を押していたお店。もともと東京で100年前に創業。戦時中に金沢に疎開したのを機に、この地で定着したといいます。席についてパフェをオーダーしてふとまわりを見渡すと、あら、女の人でいっぱいだ！

若い女の人からおばあちゃんまで。みんな甘いものを食べながらおしゃべりに興じていたのでした。聞けば人気のメニューは行列ができるほどだとか。旬の季節をギュッと詰め込んだ月替わりの厳選パフェは、1月は紅ほっぺ、4月は茂木枇杷、一番人気の水蜜桃は7月。さらに、月にそれぞれ1週間「HAPPY WEEK」があるのが面白い！ たとえば、11月のパフェはラ・フランスですが、「HAPPY WEEK」にはざくろになるといった具合。運よく、旅の日程が切り替え時期と重なれば、ふたつの味を楽しめます。乙女心をつかむお店です。

1階は金沢住民に愛されるフルーツの専門店。旬の果物からフルーツを使ったケーキまでが販売されています。

この日頼んだのは、王道のフルーツパフェ。盛り付けの色やバランスが素晴らしい。

灑雪亭でお抹茶をいただきました。お点前の手元を拝見しているだけで、心がすっと落ち着いていくようです。この日は上品な白椿のお菓子をいただきました。

map → p.152-1A

かなざわ玉泉邸

季節を愛でてお茶を一服

兼六園のすぐ近く。利岡さんは、ちょっと気分転換をしたい時、ここのカフェによく立ち寄るそう。

この庭園は、加賀藩二代目藩主夫人の玉泉院に由来し、江戸時代初期に、加賀藩の重臣だった脇田家の庭園として造られたのだとか。今日は上下二段式の回遊庭園を歩いて、予約していた最上段のお茶室、灑雪亭《さいせってい》へ。段差があることで、お庭に奥行き感が生まれて、「巡る」楽しみが生まれているよう。そのいちばん上にある風情あるお茶室は、裏千家始祖、千仙叟宗室《せんのせんそうしつ》の指導で造られたもので、築約４００年。金沢最古とされているそうです。季節は秋。障子からのぞく外の紅葉が美しくて。聞けば利岡さん、ずいぶん長い間お茶のお稽古をしているとか。いつも、お道具やお菓子についてのお話をさりげなくしてくれるのですが、それを聞いてなるほどと思った次第。そのていねいで美しい所作を見て、私もお茶を習ってみたくなりました。

秋のお庭は、一年のうちで最もきれいな季節。遠近感まで計算しつくされた木々の配置や庭石は、先人の知恵を感じさせられます。

かつて、ドウダンツツジは選ばれた家の庭にしか植えられなかったそう。紅の色がなんともきれい。

map→p.153-4B

乙女寿司

座ったその人に合わせて寿司を

辻さんをはじめ、みんなが薦めてくれたお寿司屋さんがこちら。「金沢では、いろんなお寿司を食べられるけれど、乙女寿司さんのイカは本当に絶品。まさこさんにぜひ食べてほしい」と竹俣くんに言われて興味津々。噂では、大将の鶴見和彦さんは、毎朝誰よりも早く市場に出向いて、その日、一番いいネタを仕入れるとか。ネタの選び方に始まり、下ごしらえの仕方、握り加減……。すべてが完璧。大将の手元を拝見しつつ、握りたてを即座にぱくり。この幸せを味わうためだけに金沢を訪れてもいい。よく聞いてみれば、大将、そのときどきのお客様の状態を見ながら、お寿司の前のアテと、その後の握りのバランスを構成するのだとか。まさに毎日、いえ、そのときどきがライブ。ちなみに私の場合は、「この人、飲む気満々だなと感じたので、アテを多めにお酒がおいしくなるような構成にしてみました」と……。確かに大満足。ごちそうさまでした。

カウンターに並ぶさわら材の箱の中には、きれいに仕事されたネタがずらり。

表面だけ均等に切り目を入れて。これが口当たりの柔らかさの理由。

大将の鶴見和彦さんは、金沢のお寿司屋さんで13年間修業し、20年前にこのお店を開いたという方。2年前にリニューアルしたそう。

大将の手でていねいに握られたイカ。もう一貫！とおかわりしたいおいしさ。

左は寒ぶり、右はこはだ。こはだは、4枚に細長くカットされているので、食べやすいのです。素材に合わせた細やかな心配りがおいしさの秘密です。

map → p.149

金沢古民芸会館

まるで体育館みたい。店の２階にはたんすや建具などの大物も。

古道具の中で宝探し

ずいぶん前に辻さんに連れて来ていただいた古道具のお店です。その時はお店の広さとものの量の多さにびっくり。お引越しをされたと聞いて、今回楽しみに伺いましたが、なんだか規模は前より大きくなっている?

「いわゆる骨董的価値があるものではなく、『使う』という視点で集めた生活骨董を置いています。幅広くなんでもあるのがうちらしさ。来てくれた人は、何か好きなものが見つかるはず」と店主。なんだかその言葉に納得。すぐに家で使いたくなるものが多いのです。１階は焼き物や漆器、ガラスなど器が中心。２階は、かごや小さな引き出し、ガラス瓶、シェードなどから、戸板や大きな箪笥まで。ありとあらゆる道具がずらりと並んでいて、楽しいことこの上ありません。しかもびっくりするほどリーズナブル。東京から通っている人も多いのだとか。「わあ、こんなものがあった!」と宝探しをしているような気分になれるお店です。

古いガラス瓶がずらり。塩や砂糖など調味料を入れてもよさそう。

古いガラスのランプシェードも充実しています。

膨大な数の漆器にびっくり！　その上リーズナブル。普段使いに気軽に使ってみるのにいいかも。

map → p.149

きりゅう

何に使おうかな？と思いを巡らせて

「まさこさんが好きそうなお店があるの」と利岡さん。さっそく連れて行っていただきました。金沢の漆器や九谷焼をはじめ、店主の桐生洋子さんのお眼鏡にかなったものがたくさん。こちらも金沢古民芸会館同様、敷居の高さはありません。「手頃で使いやすいもの。見ていると、早くうちに帰って飲みたくなるようなものを集めています」そう教えてくれた桐生さんは、もともと子供服のショップを営んでいて、その後、好きだった古道具を、催事などで売るようになったそう。そうそう、金沢にはいわゆる「骨董市」みたいなものはないんですって。だから、こういうお店は貴重です。私はこちらで、漆の木べらと真っ白な古伊万里の器、それから真鍮の打ち出しの鍋を買いました。古いものって、家に持って帰ってもすぐに前からそこにあったような顔になるのです。今はすっかり我が家に馴染んでいます。

いい器を探していたところ、見せていただいた一枚。大胆な色使いが印象的。

古い鍋や器を手に、桐生さん、利岡さんとともに「どうやって使おうか」と話すのも楽しいひととき。

map → p.149

白山比咩《しらやまひめ》神社

鳥居をくぐって大きく深呼吸

金沢の街から南西に20キロほどに位置する白山比咩神社。さっきまでの街の喧騒が嘘のようにひっそりと佇んでいました。白山《はくさん》は、もともと白い山という意味で「しらやまさん」と呼ばれていたそう。古来、神々が住む聖域として崇められてきたのだといいます。「一の鳥居をくぐったとたんに、空気が清浄になるんです」という利岡さんの言葉通り、参道を本殿へ向かって歩いていくうちに、身も心も洗われていくよう。

雪解けの水が手取川へ流れて水の恵みとなり大地を潤し、山があることで風よけになり……。地元の人たちは、白山のおかげで生活が安定していると感謝の気持ちで、山へ向かって手を合わせるそう。今日はいいお天気。暖かくて絶好のお参り日和。せわしない毎日ですが、旅に出ると、こんなふうにのんびりする時間ができる。それは、私にとってとても必要なことなんだなあと、ひとりごちました。

静けさに包まれた参道を歩いて本殿へ。ここを通るだけで心が洗われるよう。

広大な敷地には、天に向かってそびえる古木があちこちに。厳かな雰囲気が漂っています。

切妻造り、銅板葺き、檜造りの外拝殿。この背後にはご神木の三本杉があります。

ご神紋は三子持亀甲瓜花《みつこもちきっこううりのはな》。六角の亀甲はおめでたい長寿を表し、中に描かれた瓜の花は子孫繁栄を意味する。

気持ちのいい空気に包まれてお参りを済ませたら、心身ともに元気に。

帰ってからのおたのしみ

旅も後半に差しかかってくると、なんとなく気もそぞろになってきます。家でもまだ金沢気分を味わいたいよくばりな私は、何を買って帰ろう？ どんな料理を作ろうかな？ そんなことで頭がいっぱいになるのです。それと同時に金沢で手に入れた器や道具の使い道もあれこれ考えます。海老はいしりとお酒で蒸してみようか？ むかごはからりと揚げたらおいしそう。漆器のお盆にはおにぎりをのせて……。こんな具合に。旅をしたあとも「金沢のおいしい」はまだまだ続くのです。

能登のいわしを樽で塩漬けしてひと夏。それを漉した魚醤がいしりです。鶏ガラスープに入れて煮麺にしたり、海老にかけて蒸したりと使い方いろいろ。(昆布海産物處 しら井)

冬季限定のかぶら寸し。脂ののった鰤を麹がやさしく包み込んで……。これとお酒があったら最高です。(高木糀商店)

小ぶりな干ししいたけは切らずに煮物などにそのまま入れるとかわいい。左は肉厚でびっくり！の昆布。(昆布海産物處 しら井)

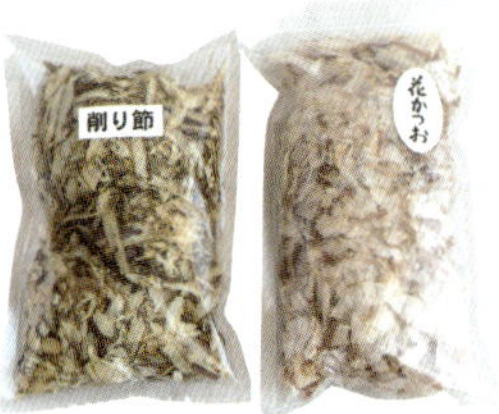

金沢最終日はしら井でかつお節を買いだめするのがお約束です。これで我が家の出汁生活も当分安泰。(昆布海産物處 しら井)

市場で見つけたとうがらしは、白山市の伝統野菜で「剣崎なんば」と呼ばれるもの。細長い形が特徴です。金沢では魔よけのために台所に吊るす習慣も。(近江町市場)

ほのかにお米の麹の香りがする、こぼれ梅入りのグラノーラ！ こぼれ梅入りのヨーグルトとグラノーラの朝食……。なんてとっても体によさそうです。(福光屋)

梅の花に形が似ていることから、みりんの搾りかすのことを「こぼれ梅」というのだとか。利岡さんはお水を足してコトコト煮ておいたものを密閉容器に入れておき、ヨーグルトに入れたり、お味噌汁に入れたりしているのだそう。美肌の秘訣がここにも？(福光屋)

福光屋のお酒が少しずつ楽しめるセット。10本入りなので、今日はこれ、明日はこちら……なんて晩酌がたのしみになりそう。贈り物にも。(福光屋)

お米を麦芽で糖化させて作る米飴。やさしい甘みが特徴です。煮物に、おやつの甘みづけに。もちろんそのままなめても。(金澤大地「たなつや」)

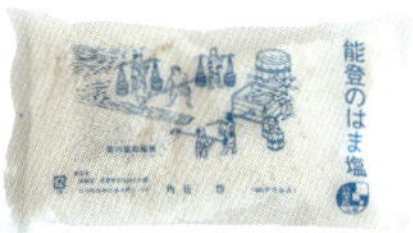

昔ながらの「揚げ浜式製法」で作られる能登の塩。蒸し野菜や塩にぎりなど、シンプルな食べ方で塩の味わいを堪能したい。(福光屋)

こちらの菜盆も角さんのもの。実は同じものを知人が持っていて、ずっと憧れていたのでした。晴れて自分のものになって本当にうれしい。（白井美術）

骨董屋さんのディスプレイで一目惚れ。迷った挙げ句、えいっ！と買ってしまった角偉三郎さんの合鹿《ごうろく》椀。存在感がありますが、使ってみると意外にもしっくり我が家のテーブルに馴染みました。（白井美術）

漆塗りのへらは、きりゅうで見つけたもの。どこか抜けた表情をしていて、そこがいい味わいに。（きりゅう）

使い勝手がよさそう……と思って買って帰ったら手持ちの蒸籠とサイズがばっちり。こういう時、スタイリストの勘がものをいうのです。（きりゅう）

手つきが気に入って買った鍋は、直径なんと50センチ。いつか盛大におでんパーティーでもしようかなと目論んでいます。（金沢古民芸会館）

竹俣くんのお皿は大小で。ふだんはアクセサリーなどを置いてトレーのように使っていますが和菓子を盛るとシャープな印象にもなるのです。（KiKU）

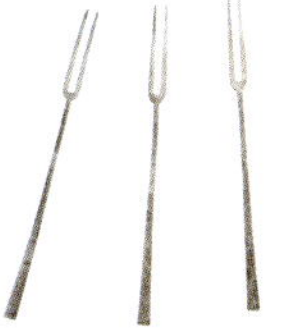

とっても使いやすい竹俣くんの小さなフォーク。りんごや柿など、くだものを食べる時は必ずこれが登場します。和の器との相性がいいんです。（KiKU）

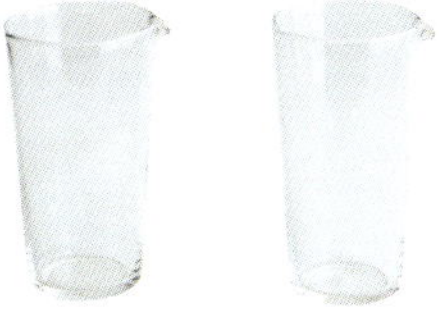

細長い形のこれはグラス？　片口？ zoomerの棚にふたつ並んだ姿がかわいかったのでふたつ買いました。（factory zoomer / shop）

白磁が美しい古伊万里のそば猪口。こういう発見があるから、骨董屋さんはたのしい。（きりゅう）

モノトヒトではこんな片口を発見。辻さんのものといい、この器といい、どうも口がついたものが好きみたい。壺田亜矢さんの作品です。（モノトヒト）

金沢古民芸会館のガラスケースに入っていて、なんだか気になったお皿。使いやすそうなサイズだったので２枚購入してみました。（金沢古民芸会館）

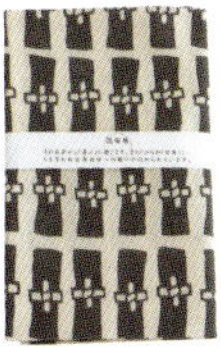

この柄なんだろう？と思ってよくよく見るとなんと昆布締め!?　昆布が行儀よく並んだ姿が愛おしい手ぬぐい。（昆布海産物處 しら井）

岡田直人さんの楕円皿はノワイヨで。サイズ違いで買いましたが、どちらもいい感じ。出番が増えそうな予感。（ギャルリ ノワイヨ）

しっとりとした白い肌合いがすてきなカップ＆ソーサーは内田鋼一さん作。紅茶の時間が待ちどおしい。（KiKU）

真鍮の大鍋

これを見た人みんなに
「どうやって使うの？」と驚かれる大きな鍋。
買ったばかりの野菜は
こんなふうにごろごろとこの鍋に入れて
床にどーんと置いておきます。
台所仕事のかたわら、
ちらちら野菜を眺めていると
メニューが浮かんでくるのです。

しいたけのソテー

あつあつでも、冷めてもおいしい、
しいたけのソテーは我が家の常備菜。
近江町市場で見つけた
肉厚のしいたけで作ってみたら、
メインにもなりそうな
食べごたえのある一皿になりました。
そのまま食べるのはもちろん、
クスクスと合わせたり、
パスタのソースにしても。

作り方

鍋にたっぷりのオリーブオイルと
つぶしたにんにく、
剣先なんばを入れ、火をつけます。
香りが立ってきたら
手で食べやすい大きさにちぎった
しいたけを入れ、くたくたになるまでソテーし
塩とこしょうで味をととのえます。
仕上げに鍋肌におしょうゆをひとたらしし、
イタリアンパセリを散らします。

角さんの菜盆には、
おにぎりをずらりと並べます。
こんなふうに何種類も並べると、
それだけでごちそうに見えるから不思議。
器の力って大きいなぁとしみじみ。
この菜盆、とても大きいですが軽いので
おにぎりやおかずを入れて、
風呂敷で包んで
友人知人の展覧会のまかないに
持って行くことも。
そうそう、ついこの間も
小田原の辻さんの展覧会の
差し入れに使いましたっけ。

作り方

【昆布とかつお節のおにぎり】

一番出汁を取った後の
昆布は細切りにし、かつお節と合わせて
しょうゆとお酒で炒ります。
白ごまをたっぷり入れれば、ふりかけの完成。
それを炊きたてのごはんに
混ぜ込んでおにぎりに。
昆布とかつお節はもちろん、しら井のもの。

【のどぐろの一夜干しとカブの葉のおにぎり】

カブの葉は細かく刻んで塩をまぶし、
水気が出たらよく絞っておく。
焼いてほぐしたのどぐろと
一緒にごはんに混ぜておにぎりに。

【とろろ昆布のおにぎり】

能登の塩を使って、
まずは塩にぎりを作ります。
その上からとろろ昆布を好きなだけかけて。
とろろ昆布はしら井で買ったもの。
びっくりするほどふわっふわの食感です。
お試しあれ。

【赤カブの塩漬け】

薄切りにした赤カブを
能登の塩としら井の昆布で漬け込みます。
食べる時は軽く水気をきって。

おにぎりと赤カブの塩漬け

知ってはいたものの、
食べたことのなかった金時草《きんじそう》。
葉の表は緑、裏は紫の野菜です。
金沢の人にとってとても身近な野菜なのだとか。
包んであった袋に
「おひたしに、酢の物に……」と書いてあったので、
ならば普通の青菜と一緒かな?と
ほうれん草や小松菜でよく作る
オイル煮にしてみました。
鍋の中の色合いに
見とれてしまうくらいの美しさ!

作り方
洗って水気をきった金時草と
たたいたにんにくを鍋に入れ、
ごま油をまわしかけたら、
鍋の蓋をして5分ほど蒸し煮にします。
塩を軽くふってできあがり。

金時草のオイル煮

加賀レンコンのすり流し

たっぷりのかつお節で取った出汁が
味の決め手になるので、
これを作るとき、
かつお節はケチケチしないこと！
胃にやさしく、ほっと落ちつくので、
疲れた時に作ることの多い
レンコンのすり流し。
風邪ひきさんにも喜ばれます。

作り方

鍋に水を張り昆布をつけておきます。
その鍋を火にかけ、
沸騰する直前に昆布をひきあげ、
かつお節をたーっぷり入れ、
一煮立ちしたら漉します。
別の鍋に出汁を入れ、
すりおろしたレンコンを入れ火にかけ
ほんの少しのお酒と塩で
味をととのえたらできあがり。
仕上げにゆずの皮をのせて。

大根とカブの葉の煮浸し

金沢でしら井のかつお節と昆布に出会ってから、
お出汁を取るのが楽しくなりました。
台所中が出汁の香りでいっぱいになる時ほど
幸せを感じる時はありません。
一度にたくさん取った出汁は、
お味噌汁などありとあらゆる料理に使います。
この煮浸しもそのひとつ。
市場で買った大根とカブ。
切り落とした葉っぱを捨てるなんてもったいない！
ざくざく刻んでお揚げと一緒にさっと煮ます。
手まめにいろいろな常備菜を
作るようになったのも、
いつも出汁が取ってあるからかもしれません。

作り方
5センチほどの長さに切った
大根とカブの葉を、
ごま油でさっと炒めます。
その中に出汁を少々、
しょうゆとお酒で味をつけて
少し煮詰めたらできあがり。

市場で新鮮な海老を見た時、
あ！　蒸したらおいしそう。と思ったんです。
市場のおじさんからは
「頭がすぐに黒くなっちゃうから、
届いたら取り除くといいよ！」
と言われていたので心配していましたが、
おそるおそる荷物を開けてみると……
よかった、大丈夫。
そのまま蒸籠に入れて蒸すこと10分ほど。
香菜を乗せたらなぜだか
エスニックな見た目の一皿になりました。

作り方
海老にいしりと酒をかけて
蒸籠で10分程度蒸します。
刻んだ香菜をたっぷりのせて
いただきます。

海老の蒸しもの

むかごのフリット

山で採って来たばかりという
むかごを発見。
素揚げして塩をふって
食べてみると……味が濃い！
姿は小さいけれど味わいは豊か。
むかごの底力を知りました。

作り方
洗ってよく水気を拭いたむかごを
中温でじっくり揚げ、塩をふる。

リーキの蒸し煮

もうひとつこちらは
太いリーキの蒸し煮です。
ポタージュにしようか、
お鍋に入れようかと
散々迷った末の決断でした。
ころりとした姿がかわいらしいので、
器に少しずつ盛ってみました。

作り方
鍋に5センチほどの長さに切ったリーキ、
水で戻した干し海老とその戻し汁を入れ、
蓋をして10分ほど煮る。
仕上げにごま油を少し、
塩、こしょうをふる。

野菜のマリネ

加賀レンコンに打木甘栗かぼちゃ、
にんじん、カブ……。
市場で見つけた野菜を一皿にまとめました。
新鮮でおいしい野菜はシンプルな食べ方が一番。
軽く焼き目をつけて塩とオイルでいただきます。

作り方

レンコンはたたいて適当な大きさに。
かぼちゃは火が通りやすいよう、
1センチくらいの厚さに、
カブやにんじんはお好みの形に。
野菜の火の通り方を意識しながら、
でも一皿に盛った時の様子を想像しながら、
野菜を切りましょう。
見た目もおいしさのひとつです。
焼き目がついたら、お皿に盛り、
オリーブオイル、塩を少々かけてできあがり。
好みでバルサミコを少しかけても。

さつまいもの揚げたの

小さなさつまいもは
五郎島金時というのだとか。
形がかわいらしかったので、
そのまま素揚げして米飴をかけました。
じっくり火の通った五郎島金時の
甘くておいしいことといったら！
輪切りにして、
米飴とレモンの薄切りで煮ても
とてもおいしくいただけました。

作り方
低温の油で火が通るまでじっくり揚げる。
米飴をたらしていただけば
素朴でやさしい味わいのおやつの完成。

金沢散策 MAP

MAP ① 金沢市街全体図

北陸鉄道浅野川線
北鉄金沢駅
p.150-151
金沢駅
明成小学校
東本願寺
金沢別院
359
13
157
浅野川
ひがし茶屋街
浅野川大橋
百万石通り
まめだ大通り
JR北陸本線
卯辰山公園
武蔵町
近江町市場
金沢健康プラザ
大手町
天神橋
百万石通り
尾崎神社
146
金沢兼六郵便局
金沢城公園
159
兼六園下
159
香林坊
兼六園
金沢市役所
金沢宗広病院
昭和大通り
中村町小学校
金沢21世紀美術館
竪町商店街
増泉
25
金沢
くらしの博物館
増泉三丁目
にし茶屋街
野町
広小路
新竪町商店街
金沢美術
工芸大学
金沢増泉
郵便局
金沢大学
犀川
福光屋 ►p.100
石引
一丁目
野町駅
桜橋
法光寺
北陸鉄道石川線
p.152-153
天徳院
金沢古民芸会館
►p.126
157
金沢小立野郵便局
小立野小学校
妙法寺
乗越 ►p.14
金沢芦中郵便局
戸水屋 ►p.17
菊川町
小学校
弥生小学校
南大通り
弥生郵便局
泉中学校
寺町通り
笠舞
一丁目
きりゅう ►p.128
N
0
250
500m

N
0
5
10km
金沢駅
西金沢駅
松任駅
北陸自動車道
日本海
加賀笠原駅
美川駅
鶴来駅
寺井駅
越前加賀海岸
国定公園 ►p.96
明峰駅
白山比咩
神社 ►p.130
小松駅
片山津IC
中谷宇吉郎
雪の科学館 ►p.92
加賀
フルーツ
ランド
動橋駅
大聖寺駅

MAP ② 石川県広域図

MAP③ 近江町市場〜ひがし茶屋街〜金沢城公園

3
2
1
A
B
C
D
彦三町
金沢小橋郵便局
東インター大通り
城北大通り
福井銀行
馬場小学校
照光寺
東山
月天心 ►p.80
永明寺
吉はし菓子所 ►p.60
359
あうん堂 ►p.78
寛相寺
金沢市立安江金箔工芸館
浄西寺
高木糀商店 ►p.62
慈雲寺
東山茶屋街前
ひがし茶屋街
ユートピアノ ►p.64
中の橋
東山菅原神社
宇多須神社
昆布海産物處 しら井 ►p.66
sayuu ►p.56
ほやさけ
交番
民宿陽月
茶房一笑 ►p.61
主計町
恵寿金沢病院
浅野川大橋
暗がり坂
ひがしやま ちょう吉 ►p.68
金沢料理旅館山乃尾
西源寺
久保市乙剣宮 ►p.86
あかり坂
寿経寺
泉鏡花記念館 ►p.89
百万石通り
尾張町
北國銀行
観音院
中安旅館
北陸銀行
金沢文芸館
梅の橋
徳田秋聲記念館
旅館やまむろ
料理旅館まつ本
信金中央金庫
金城樓
了願寺
浅野川
NHK金沢放送局
天神橋
KKRホテル金沢
お堀通り
金沢健康プラザ大手町
大手町病院
金沢天神橋郵便局
久楽会古都の家
金沢白鳥路ホテル
小池病院
新丸広場
金沢兼六郵便局
材木町小学校
味噌蔵町小学校
金沢城公園 ►p.116
兼六園下
兼六元町
兼六園観光案内所
桂坂口
小将町中学校

6
5
4
A
B
C
D
金沢駅
金沢駅前
中央
明成小学校
岩本清商店►p.72
ANAクラウンプラザ
ホテル金沢
ホテル日航
金沢
安江町北
長徳寺
リファーレ
花のアトリエ
こすもす►p.74
東本願寺
金沢別院
金沢表参道通り
交番
東横イン金沢駅東口
西福寺
金城病院
六枚
北國銀行
白銀
コラボン►p.82
むさし西
金沢シティホテル
昭和大通り
北陸労金
金沢スカイホテル
中央小学校
芳斎分校
セレモニーホテル
斎苑
高巌禅寺
武蔵
近江町食堂
►p.108
近江町市場
►p.104
鞍月用水
金沢玉川町郵便局
下堤町
三井住友銀行
フルーツ むらはた►p.120
玉川町
ホテル
リソルトリニティ金沢
金澤大地「たなつや」►p.109
東出珈琲店►p.110
ホテルパシフィック
金沢►p.114
玉川公園
百万石通り
みずほ銀行
お堀通り
中央
小学校
金沢ニューグランドホテル
アネックス
金沢高岡町郵便局
金沢ニューグランドホテル
中央
小学校南
尾山神社
尾山
神社前
オヨヨ書林
せせらぎ通り店►p.90
金谷神社
木の花幼稚園
金沢聖霊
総合病院
ビストロ ひらみぱん►p.91
金沢城玉泉院丸
金沢信用金庫
東横イン
金沢兼六園香林坊
N
0
150
300m

※北陸新幹線開通に伴い、金沢駅の旧「東口」は「兼六園口（東口）」に名称変更しました。

MAP ④ 香林坊〜兼六園〜新竪町商店街
3
2
1
A
B
C
D
金沢城玉泉院丸
(2015年春完成予定)
金沢城公園
►p.116
兼六園
観光案内所
桂坂口
かなざわ
玉泉邸►p.122
お堀通り
桜ケ岡口
蓮池門口
NOW►p.46
市役所前
百万石通り
白井美術►p.135
TORi►p.45
真弓坂口
石浦神社
上坂口
兼六園
►p.34
モノトヒト►p.44
広坂
金沢市役所
竹千代►p.49
ホテル
クラウンヒルズ
金沢
広坂ハイボール►p.50
金沢広坂郵便局
兼六園
案内所
随心坂口
小立野口
金澤神社
金沢21世紀
美術館►p.38
手打そば
更科藤井►p.48
つぼみ►p.53
本多通り
鞍月用水
竪町通(竪町商店街)
金沢
歌劇座
石川県立
図書館
金沢市立
中村記念美術館
金沢中警察署
鈴木大拙館►p.28
アパホテル
金沢片町
竪町
鞍月用水
本多通り
taffeta►p.21
新竪町商店街
phono►p.24
石川県立
工業高校
徳栄寺
鱗町
KiKU►p.22
遊学館高校
パーラー・コフク►p.26
北陸銀行
新竪町通
benlly's & job►p.25
金沢信用金庫
犀川大通り
ギャルリ ノワイヨ►p.23
室生犀星
文学碑
幸町南
思案橋
桜橋
桜橋南詰
W坂►p.13
N
0
150
300m

6
5
4
A
B
C
D
元車
長町
二丁目町
金沢聖霊
総合病院
武家屋敷跡
野村家
東横イン
金沢兼六園香林坊
香林坊
日本銀行
中央通り
金沢市
老舗記念館
金沢エクセル
ホテル
香林坊
前田土佐守家
資料館
浄誓寺
長町
乙女寿司
►p.124
新橋
中村町小学校
ホテルエコノ
金沢アスパー
アパヴィラホテル
金沢片町
ホテルエコノ
金沢片町
北國銀行
南大通り
片町
犀川大橋
北詰
スマイルホテル
金沢
金沢白菊郵便局
犀川大橋
天ぷら 小泉
►p.18
西インター大通り
白菊町
犀川
犀星のみち
にし茶屋街
北國銀行
野町
広小路
甘納豆かわむら►p.52
金沢市
西茶屋資料館
南大通り
ホテル
フォレストイン
金沢
金沢モリス教会
金沢ステンドグラス
美術館
妙立寺
寺町通り
寺町寺院群
犀川緑地
factory
zoomer / shop►p.10
野町駅
寺町
五丁目
北陸鉄道石川線
法光寺

金沢 バス＆レンタサイクル Information

名称	1回乗車運賃	1日乗車券	メモ	注意点
北鉄路線バス	200円〜	500円	金沢駅から近江町市場、香林坊、兼六園など、市街の観光名所にもアクセス。詳しくは北陸鉄道テレホンサービスセンターへ。(問)076-237-5115	金沢駅東口からでも、行き先によって乗り場がまちまちなので、確認が必要。
●●城下まち金沢周遊バス	200円	500円	1日フリー乗車券なら500円で市内を巡れてお得。右回りルート、左回りルートがある。(問)北陸鉄道テレホンサービスセンター☎076-237-5115	反対方向に乗ってしまうと、近いはずの場所も遠くなってしまうので注意。
●金沢ライトアップバス	200円	300円	市内のライトアップスポット15か所を約35分で巡る夜の散策バス。途中下車しながら楽しめる。(問)北陸鉄道テレホンサービスセンター☎076-237-5115	毎週土曜日の夜のみ運行。特別運行日もあり。要問い合わせ。
●兼六園シャトル	土・日・祝100円 平日200円	500円	近江町市場、香林坊、21世紀美術館、兼六園など、掲載スポットへのアクセスもばっちり。(問)北陸鉄道テレホンサービスセンター☎076-237-5115	ひがし茶屋街方面へは運行していない。平日と土・日・祝で運賃が異なるので注意。
●まちバス	100円	なし	金沢駅からまちなかを結ぶショッピングライナー。(問)西日本JRバス☎076-231-1783、金沢商業活性化センター☎076-224-8112	土日祝日に運行。平日は運行していないので注意。2015年春から、全国交通系ICカード利用可。
金沢ふらっとバス	100円	なし	4つのルートを走る市民向けのバス。金沢駅を経由するのは、近江町〜小橋方面を周遊する「此花ルート」。(問)金沢市歩ける環境推進課☎076-220-2371	観光地からはずれる路線もあるので、ルートをしっかり確認。

※●●●●●各バスの「始発」「最終」時刻を下に、路線図を左ページに掲載しています。北鉄路線バスは左ページに路線略図のみ掲載しています（本書に登場しない停留所は割愛しています）。金沢ふらっとバスの詳細はホームページ等でご確認下さい。

S 兼六園シャトル

	停留所名	始発		最終
0	金沢駅東口(6番のりば)	9:30	20分間隔で運行	17:50
1	武蔵ヶ辻・近江町市場(いちば館前)	9:34		17:54
2	南町・尾山神社	9:36		17:56
3	香林坊(アトリオ前)	9:38		17:58
4	香林坊(四高記念館前)	9:40		18:00
5	広坂・21世紀美術館(しいのき迎賓館前)	9:41		18:01
6	県立美術館・成巽閣	9:44		18:04
7	兼六園下・金沢城(観光物産館前)	9:46		18:06
8	兼六園下・金沢城(石川門向い)	9:48		18:08
9	広坂・21世紀美術館(しいのき迎賓館向い)	9:50		18:10
10	香林坊(日銀前)	9:52		18:12
11	南町・尾山神社	9:54		18:14
12	武蔵ヶ辻・近江町市場(めいてつ・エムザ黒門小路前)	9:56		18:16
13	金沢駅東口	10:05		18:25

まちバス

	停留所名	始発		最終
0	金沢駅兼六園口(東口)・金沢フォーラス(5番のりば)	9:40	17時40分まで20分間隔、18時からは30分間隔で運行	20:00
1	武蔵ヶ辻・近江町市場	9:46		20:06
2	南町・尾山神社	9:48		20:08
3	香林坊大和・アトリオ	9:49		20:09
4	片町・タテマチ	9:52		20:12
5	タテマチ広場	9:55		20:15
6	本多町・歌劇座・鈴木大拙館	9:57		20:17
7	金沢21世紀美術館・兼六園(真弓坂口)	10:00		20:20
8	KOHRINBO109・日銀前	10:03		20:23
9	南町・尾山神社	10:04		20:24
10	武蔵ヶ辻・めいてつ・エムザ	10:06		20:26
11	リファーレ	10:08		20:28
0	金沢駅兼六園口(東口)・金沢フォーラス(5番のりば)	10:15		20:35

金沢ライトアップバス

	停留所名	始発		最終
0	金沢駅東口(1番のりば)	19:00	10分間隔で運行	20:50
1	武蔵ヶ辻・近江町市場(北陸銀行前)	19:04		20:54
2	尾張町	19:05		20:55
3	橋場町(金城楼前)	19:07		20:57
4	兼六園下・金沢城(石川門向い)	19:12		21:02
5	県立美術館・成巽閣	19:17		21:07
6	広坂・21世紀美術館(しいのき迎賓館向い)	19:18		21:08
7	香林坊(日銀前)	19:20		21:10
8	南町・尾山神社	19:22		21:12
9	武蔵ヶ辻・近江町市場(めいてつ・エムザ黒門小路前)	19:24		21:14
0	金沢駅東口	19:32		21:22

LL 城下まち 金沢周遊バス 左回りルート

	停留所名	始発		最終
0	金沢駅東口(3番のりば)	8:35	15分間隔で運行	18:05
1	武蔵ヶ辻・近江町市場(いちば館前)	8:39		18:09
2	南町・尾山神社	8:41		18:11
3	香林坊(アトリオ前)	8:43		18:13
4	片町(パシオン前)	8:46		18:16
5	広小路(寺町寺院群・にし茶屋街)	8:49		18:19
6	桜橋	8:51		18:21
7	本多町(金沢歌劇座前)	8:53		18:23
8	広坂・21世紀美術館(石浦神社向い)	8:54		18:24
9	兼六園下・金沢城(白鳥路前)	8:58		18:28
10	橋場町(大樋美術館向い)	9:00		18:30
11	ひがし茶屋街	9:02		18:32
12	小橋町	9:05		18:35
0	金沢駅東口	9:15		18:45

RL 城下まち 金沢周遊バス 右回りルート

	停留所名	始発		最終
0	金沢駅東口(3番のりば)	8:30	15分間隔で運行	18:00
1	明成小学校前	8:33		18:03
2	小橋	8:35		18:05
3	馬場児童公園	8:36		18:06
4	森山一丁目	8:38		18:08
5	橋場町(ひがし・主計町茶屋街)	8:41		18:11
6	橋場町(金城楼前)	8:42		18:12
7	兼六元町	8:43		18:13
8	兼六園下・金沢城(石川門向い)	8:47		18:17
9	広坂・21世紀美術館(石浦神社前)	8:49		18:19
10	本多町(北陸放送前)	8:50		18:20
11	犀星文学碑前	8:53		18:23
12	十三間町	8:54		18:24
13	片町	8:57		18:27
14	香林坊(日銀前)	8:59		18:29
15	南町・尾山神社	9:01		18:31
16	武蔵ヶ辻・近江町市場(めいてつ・エムザ黒門小路前)	9:03		18:33
0	金沢駅東口	9:09		18:39

レンタサイクル「まちのり」

「まちのり」は自転車のシェアサービス。市街に設置された19か所のサイクルポート（貸出・返却拠点）と「まちのりの事務局」で、自転車を借りたり返却したりできます。

金沢レンタサイクル
まちのり事務局 ☎0120-3190-47(9〜19時)

◎基本料金

1日200円

◎追加料金

最初の30分	以降30分ごと
0円	200円追加

[利用時間] 貸出／7:30〜22:30
返却／24時間OK

各ポートでの利用登録時はクレジットカード払いです。クレジットカードがない場合は、まちのり事務局でICカードをレンタルしてください。800円の預け金が必要ですが、ICカード返却時に精算・返金されます。

※データは2015年2月6日現在のものです。3月にダイヤ改正の可能性があります。

※北陸新幹線開通に伴い、金沢駅の旧「東口」は「兼六園口（東口）」に名称変更しました。
それに伴いバスの停留所名も変更となる可能性がありますが、2015年2月6日現在、変更後の名称は検討中です。バスご利用の際はご注意ください。

取材地&ショップ詳細データ

※データは2015年2月6日現在のものです。

p.10 **factory zoomer / shop**
金沢市清川町3-7
☎076-244-2892
11:00〜18:00　水曜休
http://www.factory-zoomer.com/shop.html
◎城下まち金沢周遊バス「桜橋」下車徒歩6分

p.14 **乗越**
金沢市寺町2-3-14
☎080-3207-8020
12:00〜18:00　不定休
http://norigoe.exblog.jp
◎北鉄路線バス「寺町二丁目」
(p.155バスルートマップ外)下車徒歩2分

p.17 **戸水屋**
金沢市寺町2-3-1
☎076-241-1890
9:00〜19:00　月曜休
◎北鉄路線バス「寺町二丁目」
(p.155バスルートマップ外)下車すぐ

p.18 **天ぷら 小泉**
金沢市池田町4番丁34
☎076-223-0023
12:00〜14:00(LO)(要予約)
17:30〜22:00(LO)　水曜休
◎北鉄路線バス「片町」下車徒歩3分

p.21 **taffeta**
金沢市新竪町3-115
☎076-224-3334
12:00〜19:00　水曜・第2火曜休
http://www.ateliertaffeta.com
◎ふらっとバス「新竪町」下車すぐ

p.22 **KiKU**
金沢市新竪町3-37
☎076-223-2319
11:00〜20:00　水曜休
http://www.kiku-web.com
◎ふらっとバス「新竪町」下車すぐ

p.23 **ギャルリ ノワイヨ**
金沢市杉浦町24(3月中にオープン予定)
☎076-222-0014
12:00〜19:00　水曜・第2火曜不定休
http://www.galerie-noyau.com
◎ふらっとバス「新竪町」下車徒歩1分

p.24 **phono**
金沢市新竪町3-45
☎076-261-5253
12:00〜19:00　水曜休
http://www.phono-works.com
◎ふらっとバス「新竪町」下車すぐ

p.25 **benlly's & Job**
金沢市新竪町3-16
☎076-234-5383
11:00〜19:00　水曜・第2火曜休
http://www.benllys.com/
◎ふらっとバス「新竪町」下車徒歩1分

p.26 **パーラー・コフク**
金沢市新竪町3-118
☎076-221-7757
15:00〜22:00(LO)　水曜・第2火曜休
http://parlour-kofuku.petit.cc
◎ふらっとバス「新竪町」下車徒歩1分

p.28 **鈴木大拙館**
金沢市本多町3-4-20
☎076-221-8011
9:30〜17:00(入館は16:30まで)　月曜休
一般300円　65歳以上200円　高校生以下無料
http://www.kanazawa-museum.jp/daisetz/
◎城下まち金沢周遊バス「本多町」下車徒歩4分

p.34 **兼六園**
金沢市丸の内1-1
☎076-234-3800
3月1日〜10月15日　7:00〜18:00
10月16日〜2月末日　8:00〜17:00　無休
入園料　大人310円、小人100円
http://www.pref.ishikawa.jp/siro-niwa/kenrokuen/
◎北鉄路線バス「兼六園下・金沢城」下車すぐ
◎土日祝日には兼六園シャトルバスあり

p.50　**広坂ハイボール**
金沢市柿木畠4-9 2F
☎076-265-7474
18:00〜24:00　月曜休
http://www.h-highball.jp
◎北鉄路線バス「香林坊」下車徒歩5分

p.52　**甘納豆かわむら**
金沢市野町2-24-7
☎076-282-7000
9:30〜18:00　日祝日〜17:00
第1火曜休
◎北鉄路線バス「広小路」下車徒歩3分

p.53　**つぼみ**
金沢市柿木畠3-1
☎076-232-3388
11:00〜18:30(LO)　水曜休
http://tsubomi-kanazawa.jp
◎北鉄路線バス「香林坊」下車徒歩5分

p.56　**sayuu**
金沢市東山1-8-18
☎076-255-0183
金曜・土曜・日曜の11:00〜18:00営業
http://www.sayuu-web.com/
◎北鉄路線バス「橋場町」下車徒歩5分

p.60　**吉はし菓子所**
金沢市東山2-2-2
☎076-252-2634
9:30〜18:00
日祝日の午後休(午前はお渡しのみ)
◎北鉄路線バス「橋場町」下車徒歩7分

p.61　**茶房一笑**
金沢市東山1-26-13
☎076-251-0108
10:00〜18:00　月曜休
http://www.kagaboucha.co.jp/issyo/
◎北鉄路線バス「橋場町」下車徒歩6分

p.62　**髙木糀商店**
金沢市東山1-9-3
☎076-252-7461
9:00〜19:00　年始休
http://takagikouji.com
◎北鉄路線バス「橋場町」下車徒歩5分

p.38　**金沢21世紀美術館**
金沢市広坂1-2-1
☎076-220-2800
[展覧会ゾーン]
10:00〜18:00(金・土曜日は〜20:00)
月曜・年末年始休
有料(料金は企画展ごとに変動)
[交流ゾーン]
9:00〜22:00　年末年始休　無料
http://www.kanazawa21.jp
◎北鉄路線バス「広坂・21世紀美術館」下車徒歩3分

p.44　**モノトヒト**
金沢市広坂1-2-20
☎076-255-0086
11:00〜18:00
月曜休(月曜が祝日の場合は翌火曜休)
http://www.seikatsu-kogei.com
◎北鉄路線バス「香林坊」下車徒歩5分

p.45　**TORi**
金沢市広坂1-2-32
☎076-223-7475
11:00〜19:00　不定休
http://www.salon-tori.com
◎北鉄路線バス「香林坊」下車徒歩5分

p.46　**NOW**
金沢市広坂1-1-51
☎076-225-7475
11:00〜19:00　日祝日〜18:00　木曜休
http://www.toriwarehouse.com
◎北鉄路線バス「香林坊」下車徒歩3分

p.48　**手打そば 更科藤井**
金沢市柿木畠3-3
☎076-265-6870
火〜土曜日　11:30〜14:00(LO)
　　　　　　17:30〜22:00(LO)
日祝日　11:30〜20:00(LO)
月曜休(月曜が祝日の場合は翌火曜休)
◎北鉄路線バス「香林坊」下車徒歩5分

p.49　**竹千代**
金沢市広坂1-1-28 広坂パレス1階
☎076-262-3557
18:00〜22:00(LO)　日祝日休
◎北鉄路線バス「香林坊」下車徒歩5分

p.82 コラボン
金沢市安江町1-14
☎076-265-6273
11:00〜20:00　火曜・木曜休
http://www.collabon.com
◎金沢駅から徒歩12分

p.89 泉鏡花記念館
金沢市下新町2-3
☎076-222-1025
9:30〜17:00(入館は16:30まで)
年末年始休、年に数回不定休
一般300円　65歳以上200円　高校生以下無料
http://www.kanazawa-museum.jp/kyoka/
◎北鉄路線バス「橋場町」下車徒歩3分

p.90 オヨヨ書林 せせらぎ通り店
金沢市長町1-6-11
☎076-255-0619
11:00〜19:00　月曜休
http://www.oyoyoshorin.jp
◎北鉄路線バス「香林坊」下車徒歩7分

p.91 ビストロ ひらみぱん
金沢市長町1-6-11
☎076-221-7831
8:00〜21:30(LO)　月曜休
http://www.hiramipan.com
◎北鉄路線バス「香林坊」下車徒歩7分

p.92 中谷宇吉郎 雪の科学館
加賀市潮津町イ106
☎0761-75-3323
9:00〜17:00(入館は16:30まで)
水曜休(水曜が祝日の場合は営業)
(年末年始は要問い合わせ)
一般500円　75歳以上250円　高校生以下無料
http://www.kagashi-ss.co.jp/yuki-mus/
◎JR加賀温泉駅からタクシーで10分

p.100 福光屋
金沢市石引2-8-3
☎076-223-1117
10:00〜19:00　年末年始休
http://www.fukumitsuya.co.jp
◎北鉄路線バス「小立野」
(p.155バスルートマップ外)下車徒歩1分

p.64 ユートピアノ
金沢市東山1-4-33
☎080-3103-9450
金曜・土曜の11:00〜18:00営業
(その他の曜日は要問い合わせ)
http://www.utopiano-kanazawa.com
◎北鉄路線バス「橋場町」下車徒歩5分

p.66 昆布海産物處 しら井
金沢市東山3-2-18
☎076-251-4652
9:30〜18:00　火曜休
http://www5.ocn.ne.jp/~shirai52/index.html
◎城下まち金沢周遊バス「ひがし茶屋街」下車徒歩1分

p.68 ひがしやま　ちょう吉
金沢市東山1-2-13
☎076-251-1306
11:30〜14:00　18:00〜23:00　日休
◎北鉄路線バス「橋場町」下車徒歩3分

p.72 岩本清商店
金沢市瓢箪町3-2
☎076-231-5421
10:00〜18:30　火曜休
http://www.kirikougei.com
◎城下まち金沢周遊バス「明成小学校前」下車徒歩1分

p.74 花のアトリエ こすもす
金沢市安江町5-14
☎076-222-8720
11:00〜18:00　木曜休
花ブログ http://blog.goo.ne.jp/izumikadoshima
◎ふらっとバス「東別院表参道口」下車徒歩1分

p.78 あうん堂
金沢市東山3-11-8
☎076-251-7335
10:30〜19:00　水曜・木曜休
http://www.aun-do.info
◎北鉄路線バス「橋場町」下車徒歩5分

p.80 月天心
金沢市東山3-10-2
☎076-252-0287
10:00〜19:00(売り切れ次第閉店)
火曜休、水曜不定休
◎北鉄路線バス「橋場町」下車徒歩5分

p.122 **かなざわ玉泉邸**
金沢市小将町8-3
☎076-256-1542
10:30～22:00
月曜休（月曜が祝日の場合は営業）
入園料700円
http://www.gyokusen-tei.jp
◎北鉄路線バス「兼六園下・金沢城」下車徒歩2分

p.124 **乙女寿司**
金沢市木倉町4-10
☎076-231-7447
12:00～14:00　17:00～22:00
日祝日休
◎北鉄路線バス「香林坊」下車徒歩5分

p.126 **金沢古民芸会館**
金沢市増泉3-18-3
☎076-244-4202
10:00～19:00　年末年始のみ休
http://www.geocities.jp/
kanazawakomingeikaikan/
◎北鉄路線バス「泉本町」
（p.155バスルートマップ外）下車徒歩1分

p.128 **きりゅう**
金沢市三口新町3-1-1
☎076-232-1682
毎月12～20日、25～3日の
12:00～18:00営業
◎北鉄路線バス「赤坂」
（p.155バスルートマップ外）下車徒歩1分

p.130 **白山比咩神社**
白山市三宮町二105-1
☎076-272-0680
http://www.shirayama.or.jp
◎北陸鉄道石川線「鶴来駅」から
加賀白山バス「一の宮」下車徒歩5分

p.135 **白井美術**
金沢市広坂1-2-27
☎076-262-6848
10:00～17:00　月曜休
◎北鉄路線バス「香林坊」下車徒歩5分

p.104 **近江町市場**
金沢市近江町50
☎076-231-1462（市場事務所）
店によって営業時間が違うので要確認
1月1日～4日休
http://ohmicho-ichiba.com/
◎北鉄路線バス「武蔵ヶ辻・近江町市場」下車すぐ

p.108 **近江町食堂**
金沢市青草町1近江町市場
☎076-221-5377
10:30～15:00(LO14:30)
17:00～22:00(LO21:30)
年始休
http://ohmichosyokudo.amsstudio.jp
◎北鉄路線バス「武蔵ヶ辻・近江町市場」下車すぐ

p.109 **金澤大地「たなつや」**
金沢市下堤町19-4 十間町口近く
☎076-255-1211
9:00～18:00　年始休
http://www.tanatsuya.com
◎北鉄路線バス「武蔵ヶ辻・近江町市場」下車すぐ

p.110 **東出珈琲店**
金沢市十間町42
☎076-232-3399
8:00～19:00　日曜休
http://higashidecoffee.amsstudio.jp
◎北鉄路線バス「武蔵ヶ辻・近江町市場」下車徒歩5分

p.114 **ホテルパシフィック金沢**
金沢市十間町46
☎076-264-3201
チェックイン15:00　チェックアウト11:00
http://www.hotel-pacific.jp
◎北鉄路線バス「武蔵ヶ辻・近江町市場」下車徒歩6分

p.120 **フルーツ むらはた**
金沢市武蔵町2-12
☎076-224-6800
10:00～18:30(LO)　無休
http://www.murahata.co.jp
◎北鉄路線バス「武蔵ヶ辻・近江町市場」下車徒歩3分

ブックデザイン
渡部浩美

撮影
枦木 功 (nomadica)

取材・編集協力
一田憲子

DTP
アルファヴィル・デザイン

MAP 制作
DESIGN WORKSHOP JIN, Inc.

MAP 編集
37シスターズ

編集
向笠公威 (宝島社)

情報・取材協力
辻 和美 (factory zoomer)
利岡祥子 (株式会社福光屋)
竹俣勇壱 (KIKU/sayuu)
岩本歩弓 (岩本清商店)

協力
一般社団法人金沢市観光協会
株式会社福光屋

カバー裏写真
レアンドロ・エルリッヒ《スイミング・プール》
2004年制作 金沢21世紀美術館蔵

※本書の情報は原則、消費税抜きで掲載してあります

あした、金沢へ行く

2015年3月11日 第1刷発行

著者 伊藤まさこ

発行人 蓮見清一
発行所 株式会社宝島社
〒102-8388 東京都千代田区一番町25番地
営業 03-3234-4621
編集 03-3239-0646
http://tkj.jp
振替 00170-1-170829 ㈱宝島社

印刷・製本 サンケイ総合印刷株式会社

Printed in Japan
ISBN 978-4-8002-3186-4